Remerciements

A mon époux, pour sa passion intarissable des voyages.

Celui pour qui la vrai richesse est dans les yeux d'abord et le souvenir de l'ailleurs ensuite, ailleurs dont il saisit la beauté de façon innée, avec son âme de reporter photographe.

Celle qui lui fait rechercher toujours le point de vue le plus juste, au bon moment, avec la meilleure lumière. C'est une bonne école.

A mon pasteur, Gérard SADOT dont l'enseignement au fil des semaines m'a appris à lire ma Bible entre les lignes, à la méditer, à trouver des concordances, toujours plus de profondeurs et des pépites dans la Parole ;

Il m'a formé une colonne vertébrale ; Il est celui dont la nourriture riche, équilibrée et variée a réellement tissé en moi, au fil des années, une **ossature** spirituelle ; Il est celui qui m'a fait connaître le vrai Jésus.

A Kenneth E HAGIN dont les enseignements-clé, au travers de son école RHEMA, ont tracé en moi de profonds sillons spirituels et fortifié mon ossature.

Je n'ai jamais fermé un livre de ce Docteur de la Parole, maintenant auprès de Père, sans une joie profonde me faisant le bénir pour ses dons d'enseignant qui ont **musclé** ma foi.

A Andrew WOMMACK, pour sa révélation de la grâce inconditionnelle de Dieu, et pour ses écoles de guérisons implantées partout dans le monde. Il essaime et provoque, par son simple enseignement, (en voulant ne jamais porter *la main à la pâte* lui-même) le trouble chez les religieux…. en même temps que des myriades de guérisons miraculeuses sur tout le globe !

Guérisons ignorées sur CNN ou Antenne 2, mais qui changent la vie des gens !

Son exemple a incliné irrémédiablement mon cœur **de chair** vers la guérison.

A ces hommes, va ma sincère reconnaissance,

Enfin…

A celui qui peut faire, par la puissance qui agit en nous, infiniment au-delà de ce que nous pensons ou attendons, à toi Saint Esprit qui a, au fil des jours, déroulé en moi, ce livre comme une bobine de fil précieux, à toi, revienne toute la gloire !

Motivation

Mes seuls galons sont d'avoir beaucoup voyagé de par le monde, d'avoir goûté des paysages et d'avoir visité beaucoup d'églises sur le continent européen, américain, africain, asiatique.

Si une chose m'a toujours frappée, c'est bien la diversité culturelle évidente.

J'ai aimé le décorum son et lumières de la cathédrale notre Dame de Paris. Un ami comédien, directeur de théâtre à Paris m'a confié un jour que je lui avouais mon émerveillement devant ce décorum, la lumière, la fumée, les odeurs, qu'adolescent il avait été lui-même *enfant de chœur...* «Et ma vocation théâtrale (selon ses propres mots) d'où tu crois qu'elle vient ? »

J'ai aimé la rigueur *very british* de l'église anglicane, ces officiers du culte ont des costumes comme les collégiens à Londres ont des blazers cravate.

J'ai aimé la joie colorée de mes frères africains, endimanchés, super beaux, qui viennent rendre honneur à Dieu, les femmes avec des coiffes magnifiques (derrière lesquelles il vaut mieux ne pas se trouver), et leurs danses irrépressiblement contagieuses par leur joie !

J'ai aimé mes frères tahitiens, tout en blanc, les femmes en chantilly de dentelles blanches sur leur peau bronzée passée au monoï, des fleurs partout, lors des enterrements.

J'ai aimé la puissance de la louange et la joie qui se dégagent des chants negro spirituals dans les églises noires américaines. Qui ne les a pas faites siennes ? Même les non croyants en sont friands.

Si *Rabbi Jacob* a caricaturé à jamais les danses juives, en Israël, moi j'ai été saisie par la joie exubérante de ces jeunes gens bondissant au son de la clarinette. Oui je suis sensible à la joie.

Au Vietnam, où la religion bouddhiste se manifeste par un petit culte des ancêtres, dressé dans une maisonnette sorte de boîte-aux-lettres-niche devant la maison, j'ai aimé m'avancer et y trouver des mini crèches enguirlandées, témoins plus nombreux qu'on ne le croit de foyers chrétiens.

Dans cette grâce qui m'a été faite de parcourir le monde j'avoue que je loue souvent le Dieu créateur qui s'est arrangé, avec le décalage horaire pour que monte à lui, sous toutes les latitudes et toutes les heures à la surface de la terre, la louange de son peuple si diversifié !

Quand j'entends des louanges dans une autre langue que la mienne j'aime à me dire que Dieu comprend les prières en français, en anglais, en espagnol, en bantou en yiddish etc. etc.…Qu'Il apprécie également l'orgue, la guitare, la batterie, le tam-tam, le tuduc, le shofar parce que tout cela est culturel, et que Dieu le sait !

Mais au-delà de la richesse des diversités culturelles, aussi loin que je remonte une chose m'a toujours interpellée, malgré moi, c'est le conformisme et les habitudes religieuses :

Parfois on peut se demander si les hommes ne se contentent pas de peu, s'ils ne préfèrent pas par exemple, les *négros spirituals* ….à ….celui qui les a inspirés ?

S'ils ne préfèrent pas leur position assise de critiques du ministère *« Il n'était pas en forme aujourd'hui le pasteur ! »* à leur participation à la louange.

S'ils ne préfèrent pas leur titre et leur fonction à leur utilité réelle dans l'église ?

Le décor à la louange ? Le rituel au spontanée ? l'habit au moine ?

S'ils ne se satisfont pas rapidement de leurs habitudes, et dans certaines églises on a envie de crier : « Où est Dieu dans tout ça ? »

Dans la série des églises, je réserve une place à part aux églises latines où pour être rentrée en touriste, (je le confesse) voir des chefs d'œuvres de la peinture classique (des Bellini, ou des Giotto) je suis tombée en pleine procession et culte d'idolâtrie.

Il faut avoir vu le culte aux reliques par exemple du sang de SAN GENARO à Naples en Italie, observer ces femmes faire la queue pour embrasser, avec dévotion une ampoule de verre remplie d'un liquide noir !

Ampoule de verre, *sucette king size*, emmanchée d'un bâton sculpté, doré à l'or fin, orné de pompons de part et d'autre, qui paraît-il ne sort que de temps en temps, (c'était bien ma chance !) essuyée aussi de temps en temps, avec un chiffon, par le curé.

Ce truc à attraper le typhus, ou de l'herpès m'a laissée pantoise ! C'est au mieux d'un manque d'hygiène notoire, au pire d'une …religiosité ….sans nom !

On pourrait en dire autant des processions à Séville dans le sud de l'Espagne où mieux vaut ne pas tomber en pleine semaine sainte, quand ils sortent une vierge Marie sur chaise à porteurs, lourde de dentelles, dorures, cierges et autres décorations d'un goût sûr.

Pour moi, que l'on me pardonne mais ces comportements datent d'un autre siècle ! Du temps où Gutenberg n'avait pas encore inventé l'imprimerie ! Où le peuple se contentait de tradition orale, et d'images pieuses représentant la vie de Jésus !

Ces traditions perpétuent un paganisme d'un autre monde ! C'est le culte à Isis, la déesse mère chez les égyptiens, qui se prolonge !

La femme est-elle a à ce point l'obscur objet du désir, de toutes les tentations, pour que l'église catholique tente de les transcender par un culte à la vierge Marie ?

Cette religiosité me fait froid dans le dos ! Elle ne produit rien ! Elle est pour moi le contraire absolu de la foi ! Elle ne produit rien d'utile ! Elle ne change rien à la misère humaine ! Elle y ajoute au contraire !

Font-ils cela au nom du même Dieu que le mien ? Le Jésus de la Bible ?

Savent-ils que le Jésus vivant se rencontre dans la Bible ?

Où est Jésus ? Celui qui change les vies ? Relève les malades ? Guérit les cœurs brisés ?

Où est Jésus dans certaines églises ? Cantonné à une petite croix, porte-bonheur sur la poitrine ….ou tatouée sur le biceps ?

Qui l'imite vraiment, en ne le limitant pas à des images pieuses, à des statues au sourire compassé, aussi énigmatique que notre nationale Joconde ?

A leur décharge : L'imagerie populaire, la peinture ont donné de lui une image si lisse, si aseptisée, Il était d'abord un bébé rose (qui ne faisait jamais caca !) dans les bras d'une mère souvent en bleu, devenu ensuite un adulte pauvre, triste, tellement terni et fade !

Qui veut d'un Dieu comme ça ?

Pas moi, en tout cas !

Ce n'est pas le Jésus que me montre une lecture attentive des évangiles !

LE JESUS DES EVANGILES :

Le tout début du puissant évangile de Jean affirme :

« Au commencement était la Parole, et la Parole était avec Dieu, et la Parole était Dieu. Elle était au commencement avec Dieu » (Jean 1 1-2)

« Toutes choses ont été faites par elle, et rien de ce qui a été fait n'a été fait sans elle » (Jean 1 3)

« Et la parole a été faite chair, et elle a habité parmi nous, pleine de grâce et de vérité…» (Jean 1 14)

Il poursuit, verset 18 : « Personne n'a jamais vu Dieu ; **Dieu le Fils unique**, qui est dans le sein du Père **est celui qui l'a fait connaître ».**

Une anecdote :

C'est là qu'une anecdote, entendue un jour m'a fait comprendre quelque chose d'important ; C'est l'histoire d'un scientifique qui devait construire un pont et trace des plans :

Il s'aperçoit sur le terrain qu'un de ses piliers se situe juste à l'endroit d'une énorme fourmilière, déjà presque mise à nue, mais pleine de vie, de fourmis actives, besogneuses qui s'agitent vont et viennent sous ses yeux, inconscientes du danger qui les attend.

Il aime tellement la nature qu'il regarde ces fourmis, les considère et aimerait pouvoir leur dire, *si vous saviez ce qui vous attend, allez vite ailleurs*, mais les fourmis n'entendent pas sa voix ; il les aime tellement qu'alors lui vient une pensée un peu folle : **si seulement je pouvais me faire fourmi pour leur parler …peut-être qu'elles m'entendraient !**

Toute comparaison gardée, c'est ce que Dieu a fait dans son amour pour parler aux hommes. Il s'est fait homme pour parler aux hommes, ce qui explique la venue de Jésus Christ sur terre.

LE DIEU CREATEUR :

Cette affirmation de Jean, la parole préexistant à la création, Jésus le fils unique présent à la création de l'univers change toute notre perspective : Jésus est la parole créatrice faite chair (devenue homme) qui préexistait à toute la création. C'est lui qui a créé le monde par sa parole puissante ;

En conséquence :

Si vous admirez la diversité des fleurs, il en est l'auteur, si vous aimez la majesté du tigre, c'est lui l'auteur, si vous aimez les beautés encore in sondées du monde sous-marin c'est lui, si vous aimez les couleurs du coucher de soleil, les rousseurs de l'automne, c'est lui, si vous admirez les torrents, les hautes montagnes ou la puissance des chutes du Niagara c'est encore lui ! Si vous aimez les œufs des poules, les loutres joueuses, la fidélité de votre chien ou la grâce naturelle d'un chat de gouttière c'est encore lui !

Si vous réalisez la richesse des divers sous-sols, le charbon, les minéraux, le pétrole, dont Jésus, dans sa préscience des besoins futurs de l'humanité a doté les différents continents, vous verrez que si rien n'a été fait sans lui, Il a pourvu à tout pour le bonheur de l'humanité !

Comment ne pas **LUI** reconnaître la fantaisie, la richesse de la création ; Si nous observons seulement le monde animal, dans l'air ou sous l'eau, il n'est pas une forme, une couleur, une transparence, une luminescence, un mode de reproduction ou de déplacement fantasque ou extravagant ...qui ne soit pas déjà existant dans la nature !

La création toute entière regorge, déborde de fantaisie de couleurs et d'humour, c'est en cela qu'elle fascine les enfants.

Comment un Dieu créateur si riche, si imaginatif, si talentueux, généreux, joyeux et coloré a pu devenir le triste sire (en cire ?) de certaines églises ?

Si ce n'est à avoir été repeint par la religiosité des hommes !

Comme l'aurait fait une peinture classique, avec le temps, le portrait de Jésus s'est terni, son image s'est assombrie avec la religion des hommes !

Au point que ses couleurs originelles ont perdu toute clarté, toute luminosité, et le personnage tout entier voilé par la religion s'est assombri, est devenu sinistre et si ennuyeux, jusqu'à n'avoir plus rien de commun avec le Dieu créateur qui a pourvu à tous les besoins de l'humanité….au point de vouloir sacrifier sa vie pour son salut.

Levons le voile :

J'ai envie de lever le voile, comme certains tableaux après restauration retrouvent leurs couleurs d'origine insoupçonnées de gaîté, essayons de lever ensemble le voile sur le vrai visage de Jésus.

Notre beau pays de France s'apprête, comme tous les pays occidentaux à vivre des jours difficiles. Les femmes de notre pays en général sont inquiètes de plus en plus pour l'avenir de leurs enfants, les Femens, elles, brûlent d'éradiquer partout (outre le port du soutien gorge), le patriarcat religieux…

J'ai entendu l'autre jour une jeune députée marseillaise, qui ne se résout pas à cette guérilla qui décime les jeunes de banlieues, affirmer que tout passait par les femmes !

Si tout ne passe pas forcément par les femmes, beaucoup de choses peuvent effectivement passer par les femmes comme le démontre une lecture attentive des évangiles.

Il y avait entre Jésus et les femmes un lien puissant. Invisible, mais d'une force inouïe. On pourrait parler de complicité. Les évangiles nous parlent des disciples en continu et des femmes en pointillés. Pourtant, elles étaient bel et bien présentes et agissantes sans tambour ni trompette. Certaines anticipaient même son enseignement. Ce qui se passait entre elles et Jésus était puissant, dynamique, à la mesure de leur foi.

Mon souhait est que nous essayions ensemble de lever un coin du voile sur ce rayon de soleil sur l'humanité qu'est Jésus, via le regard des femmes.

Via sa relation aux femmes…

Pourquoi pas ? Une fois n'est pas coutume.

SOMMAIRE

INTRODUCTION

JESUS ne marche pas sur le sol de mon pays aujourd'hui et maintenant, Il a vécu en terre orientale il y a plus de deux mille ans, dans un contexte religieux, judaïque très fort où quiconque transgressait la loi juive risquait la mort.

Jésus n'a pas laissé de livre, Il a fait mieux, Il a laissé un exemple et les hommes qui l'ont connu Matthieu, Marc, Luc et Jean ont tracé de lui, au travers des quatre évangiles des portraits si vivants et qui se recoupent qu'ils nous donnent de Jésus un portrait en « 3D ».

Nous piocherons parfois dans les livres du Nouveau testament, de l'ancien même, afin de vérifier la cohérence de ses propos pour mieux connaître le vrai Jésus, y découvrir son cœur, son enseignement et plus spécifiquement dans cet ouvrage, la teneur de sa relation aux femmes ?

- Que savait-Il des femmes ?
- Les aimait-Il ?
- Comment leur parlait-Il ?
- Quelle était son attitude envers elles ?
- Comment les femmes recevaient-elles son message ?

La relecture minutieuse, dans tous les sens, des quatre évangiles en vue de la rédaction de cet ouvrage s'est avérée pleine de pépites pour moi. Je souhaite vous les faire partager.

Nous allons essayer de passer systématiquement en revue toutes les femmes dont Jésus a croisé la route, lors de son passage terrestre de trois ans, afin d'y répondre le plus bibliquement possible.

Voire même peut-être répondre à la question que Jésus adorait poser à ses contemporains :

« Et vous qui dites-vous que je suis ?

SES RELATIONS AVEC SA MERE MARIE

Commençons par le commencement :

Le Petit Jésus comme l'on dit en Provence ou plus respectueusement Jésus enfant ;

Le nourrisson :

Les petites crèches provençales apparues dès l'an 340, après trois siècles de persécutions, avec leurs santons bariolés et leurs petits métiers, nous rappellent chaque année à cet événement :

Luc (2verset 7) nous dit :

«Elle Marie, l'emmaillota, et le coucha dans une crèche, parce qu'il n'y avait pas de place pour eux dans l'hôtellerie. »

J'ai entendu un humoriste dernièrement avancer que Marie était en quelque sorte un peu *pistonnée* parce qu'elle n'avait pas eu, elle, deux ans d'attente pour trouver une place en crèche !

Plaisanterie mise à part, le lieu de sa venue au monde dénoterait plutôt, pas forcément une origine modeste (rien ne nous laisse croire que Joseph son père terrestre était pauvre) mais un comportement modeste et humble de la part de sa famille.

C'était surtout l'accomplissement d'une des nombreuses prophéties précises, sur sa venue, annoncée ce jour- là aux bergers :

« C'est qu'aujourd'hui, dans la ville de David, il vous est né un SAUVEUR qui est le Christ, le Seigneur ; et voici à quel signe vous le reconnaîtrez : vous trouverez un enfant emmailloté et couché dans une crèche. » (Luc 2 11-12)

Quelques années plus tard, Jean Baptiste, celui qui devait le baptiser dans le Jourdain le reconnaîtra, comme « l'agneau de Dieu qui ôte le péché du monde » (Jean 1 29) est-ce finalement si étonnant qu'un agneau naisse prophétiquement dans une bergerie ?

L’enfant :

Les évangiles relatent peu de choses.

Malgré la prophétie prononcée à sa naissance par Siméon un ancien, (Luc 2 34)

« Cet enfant est destiné à amener la chute et le relèvement de beaucoup en Israël, et à devenir un signe qui provoquera la contradiction ! »

De celui dont le nom Hébreux « Yéshoua » signifie tout à la fois salut, guérison, protection

Il nous est dit en Luc 2 40 :« Or l’enfant croissait et se fortifiait, il était rempli de sagesse et la grâce de Dieu était sur lui »

On peut donc en conclure que l’enfant qu’Il était ne donnait pas de souci particulier à ses parents, ne manifestait aucune désobéissance, ni rébellion envers sa mère…

Quelle grâce pour une mère !

Jusqu’au jour où ….

L’adolescent :

Je cite Luc (2 41)

« Les parents de Jésus selon la tradition juive allaient à Jérusalem à la fête de Pâque, lorsque Jésus avait douze ans »

Sur le chemin du retour, probablement en route avec plusieurs familles, plusieurs enfants, en quelque sorte en tribus, ils mirent un certain temps, Luc nous dit une journée de voyage, à s’apercevoir que l’adolescent n’était pas avec eux.

Ils rebroussèrent chemin et au bout de trois jours, ils le trouvèrent où ?

« Dans le temple, avec des adultes assis au milieu des docteurs de la loi, les écoutant et les interrogeant, et tous ceux qui l’entendaient étaient frappés de son intelligence et de ses réponses. »

Luc nous précise que ses parents furent saisis d’étonnement : et sa mère finit par lui faire un reproche bien humain que nous comprenons tous :

« Mon enfant pourquoi as-tu agis de la sorte avec nous ? Ton père et moi nous te cherchions avec angoisse »

Si le propre de l'adolescence c'est la rébellion, alors Jésus s'est montré le plus doux des rebelles ; Il leur a répondu simplement : « Pourquoi me cherchiez-vous ? Ne savez-vous pas qu'il faut que je m'occupe des affaires de mon Père ? »

Cette simple phrase nous révèle deux choses :

Que Jésus avait de la déférence pour ses parents, mais l'adolescent qu'il était, était au fond de lui, déjà conscient de sa mission céleste, et en bon ado, ne comprenait pas que ses parents terrestres ne comprennent pas.

Luc précise que « Ses parents, alors ne comprirent pas ce qu'Il leur disait… »

Nous n'étions pas là, certes, mais il y a fort à parier, vue la suite, que les docteurs de la loi qui l'entendirent (et non pas l'écoutèrent) dans le temple ne comprirent pas, non plus, tous les questionnements de l'ado sur leur religion !

Vers l'âge adulte :

Après cet épisode de retour à Nazareth, Il leur était soumis

Et sa mère gardait toutes ces choses dans son cœur.

« Il croissait en sagesse, en stature, et en grâce, devant Dieu et devant les hommes »

Cette phrase des évangiles pourrait faire rêver toutes les mères !

Jésus était l'enfant béni, quand les nôtres croissent en stature, généralement le qualificatif qui les accompagne, sauf exception, n'est pas la sagesse !

Entre Jésus et sa mère, Marie, la relation mère-fils était donc parfaite.

Qui n'envierait pas Marie d'avoir porté et élevé un tel enfant ?

La prédominance des liens spirituels :

Un jour, après avoir procédé comme à son habitude, à une guérison spectaculaire, Jésus entendit une voix de femme s'élever dans la foule :

« Heureux le sein qui t'a porté, heureuses les mamelles qui t'ont allaité ! »(Luc 11 27)

Cette exclamation aurait pu le porter, lui Le fils, vers un instant d'adoration, de vénération spéciale vis-à-vis de sa mère, ce que la foule attendait....Or....

Sa vision était plus large, déjà plus généreuse. Il n'avait pas d'yeux que pour sa mère.

Dans sa compassion des foules qui l'entouraient, Il n'a pas, manifesté de préférence, ni démontré davantage d'affection, pour sa mère, ni non plus réfuté vertement la femme qui l'interpellait. Il a simplement fait écho à ses paroles en répondant :

« Heureux plutôt ceux qui écoutent la parole de Dieu et qui la gardent ! »(Luc 11 28)

L'accent de Jésus était mis, non pas, sur le lien terrestre et charnel, aussi bon soit-il, mais sur le lien spirituel qui unit tous ceux qui sont reliés à Dieu le Père et gardent sa parole.

Dans la prière qu'Il a lui-même adressé à son Père Jésus n'a-t-Il pas intercédé ?

« Je te prie pour ceux qui croiront en moi, afin qu'ils soient **UN**, comme toi, Père tu es en moi, et comme moi je suis en toi, afin qu'eux aussi soient **UN** en nous, pour que le monde croit que tu m'as envoyé. »(Jean 17 21) :

Jésus n'a pas craint d'ailleurs d'affirmer la prédominance de cette relation spirituelle en présence de sa propre mère Marie ;

Un jour ou sa mère et ses frères (car Marie en bonne épouse a enfanté plusieurs fois après la naissance de Jésus) étaient venus le trouver sans pouvoir l'aborder à cause de la foule, on lui dit :

« Ta mère et tes frères sont dehors ils désirent te voir »

(Luc 8 20)

Jésus a alors répondu : « Ma mère et mes frères, ce sont ceux qui écoutent la parole de Dieu, et qui la mettent en pratique. »

(Luc 8 21)

Il ne saurait être plus clair. Il faisait passer sa mission divine, réconcilier les hommes avec le Père Céleste, au-delà des liens familiaux et charnels.

Sa mère Marie, Il l'aimait, l'avait toujours respectée, mais ne lui vouait aucune une adoration particulière.

Sa mère était peut-être une « mère juive » mais lui, était bien plus que le fils d'une mère juive. Conscient de sa mission divine, Il ne pouvait accorder aucune priorité aux liens familiaux.

Les liens familiaux : une entrave pour lui ?

Après qu'Il eut choisi ses douze apôtres au début de son ministère et que la ville commençait à parler de lui, que les foules s'amassaient autour d'eux, au point qu'ils ne pouvaient même plus prendre leur repas, Marc (3 20) nous rapporte que lorsque cela vint aux oreilles des parents de Jésus,

« Ils vinrent pour se saisir de lui car ils disaient ; Il est hors de sens ! »

Ses propres parents qui l'avaient élevé et vu grandir, le croyaient devenu fou, ils ne pouvaient imaginer la mission divine qui d'un coup semblait être la sienne.

Parenthèse sur L'incrédulité à Nazareth, sa ville natale :

Miracles versus logique ?

C'était ce même type de raisonnement que nous qualifierons de logique qui a empêché la ville de Nazareth de recevoir beaucoup de miracles ; pourtant la population de sa ville natale reconnaissait étonnée :

« D'où lui viennent ces choses ? Quelle est cette sagesse qui, lui a été donnée, et comment de tels miracles se font-ils de ses mains ? » (Marc 6 2)

Les gens de Nazareth, reconnaissaient le charpentier le fils de Marie, ils connaissaient bien ses sœurs, les avaient tous vus grandir parmi leurs propres enfants et tout ce qu'ils savaient de Lui les empêchait de voir en Lui le Messie envoyé de Dieu.

Ce que nous sommes tentés d'appeler *logique du raisonnement humain*

Jésus le qualifie d'incrédulité.

A méditer ! :

« Il ne put faire là aucun miracle » (Marc 6 5)

« Et Il était pour eux une occasion de chute ». (Marc 6 3)

La venue, l'acceptation, l'attente du miraculeux qui pourtant accompagnaient Jésus partout ailleurs, se sont révélées antinomiques avec *la logique* des gens de Nazareth.

Ce qui a permis à Jésus d'édicter une parole devenue proverbe : « Un prophète n'est méprisé que dans sa patrie parmi ses parents et dans sa maison » (Marc 6 4)

Premier miracle, devant sa mère :

Lors de son premier miracle, quand Il transforme l'eau en vin lors des noces à Cana, sa mère lui faisant remarquer qu'ils n'ont plus de vin, Il lui réplique : « Est-ce à toi de me dire ce que je dois faire ? »

Sa mère elle même, s'adressant alors aux serviteurs met l'accent sur l'autorité de son propre fils et s'efface, en leur disant :

« Tout ce qu'Il vous dira, faites le »

C'est ainsi que Marie assiste au premier miracle de son fils : l'eau plate se transforme en vin … De la joie ! C'est un signal fort, car le christianisme est bien la religion de la joie. Tous ceux que Jésus touchera auront une raison de se réjouir !

Pendant ses trois courtes, mais denses, années de ministère terrestre, où Marie, sa mère ne fait que de très brèves apparitions, Jésus fait une parenthèse sur ses liens familiaux, sauf au moment de sa crucifixion.

Ses derniers instants : La douleur de Marie

Celui qui perd ses parents est orphelin, celle qui perd un époux est veuve, mais pour celle qui perd un enfant il n'y a pas de nom, parce que c'est une douleur sans nom, précisément.

Nous pouvons difficilement imaginer la douleur de sa mère de le voir cloué, sur ce bois de souffrance et d'infamie, lui qui n'avait jamais manifesté que de la compassion pour les souffrants.

Voir son fils ainsi traité, et mis parmi les malfaiteurs, devait être un authentique crève-cœur.

Marie ! Marie ! Toi en qui la parole reçue et acceptée de Dieu s'est faite chair, toi dont la parfaite obéissance a permis cette gestation, toi qui a donné le sein maternel ; non seulement le lait, la nourriture du sein mais, celle de la tendresse du regard et tous les gestes qui ont fait grandir et donné de la force à notre sauveur !

Que n'ont pas fait de toi les religions ! « *O Marie, si tu savais !* »

Que de peintures, de statues, de médailles, d'images, de chapelets, de bouteilles d'eau bénite, ont, en glorifiant la mère magnifique que tu as su être, terni le nom, et l'œuvre de ton fils, celui pour qui tu avais tout donné !

Je dois dire que souvent quand un drame ou un fait divers atroce concernant un enfant vient me perturber au plus profond de moi, je prie secrètement pour que la pensée de Marie et de sa douleur sans nom puisse être comme une forme de consolation pour une mère que je ne connais pas.

Marie, cette femme de qualité, qui a vu tout son destin bouleversé par le plan divin, remarquable par son obéissance et sa soumission, qui a été choisie pour porter la semence divine, élever le « fils de l'homme » s'était considérée elle-même comme la servante du Seigneur. Ce fut la première des servantes du Seigneur.

D'ailleurs les souffrances de Marie avaient aussi été prophétisées par Siméon :

«Et toi une épée te transpercera l'âme ». (Luc 2 35)

Fils aimant jusqu'au bout :

Et Jésus est crucifié, cloué sur cette croix, cet instrument de torture, de lente agonie, créé par les romains. De lente agonie parce que ce n'est pas la perte de sang, qui provoquait la mort ; aucun organe vital n'étant touché c'est par asphyxie lente que les condamnés à ce supplice infamant finissaient par mourir, généralement après un jour ou deux.

Alors qu'Il devait certainement lutter pour respirer, en se relevant sur ses pieds transpercés par les clous, au milieu des quolibets et des insultes, Il oublie un instant sa propre douleur, et aperçoit sa mère affligée au pied de la croix, avec à ses côtés Jean le disciple qu'Il aimait particulièrement;

Voici ce que nous rapporte Jean (10 27) :

Jésus s'adresse une dernière fois à sa mère : « Femme, voilà ton fils. »

S'adressant à Jean son disciple il lui dit : « Voilà ta mère »

Même en pleine agonie ô combien douloureuse, au physique, comme au moral, Jésus trouve le moyen d'avoir une pensée pour les souffrances de sa mère, Il ne pense pas à lui, mais à sa mère et la recommande à celui en qui Il avait confiance ;

Et s'Il met encore une fois l'accent sur le lien spirituel, Il ne veut pas laisser à sa mère le sentiment qu'Il l'abandonne à son chagrin, ni qu'elle sera dépourvue d'affection ; Il délègue, dans un dernier acte d'amour, en quelque sorte son devoir filial à Jean en lui recommandant de prendre soin de sa mère.

Jean (19 27) ajoute :

« Et dès ce moment le disciple la prit chez lui »

Voilà tout au long de sa courte vie terrestre, malgré l'incompatibilité de sa mission avec les liens familiaux, l'attitude de Jésus envers Marie, sa mère : de l'enfance à l'adolescence, à l'âge adulte :

Déférence, respect, soumission, aucune place à la vénération, jamais, ni l'idolâtrie, juste amour, amour juste jusqu'au bout.

Mais nous allons voir que cette attitude juste de respect, de compassion et d'amour pur, à une époque et dans une contrée de misogynie, Jésus la manifeste envers toutes les femmes qu'Il rencontre.

La veuve de Naïm

Un jour que Jésus entre en ville avec ses disciples et une grande foule qui le suivait, il croise un enterrement.

Il aperçoit une femme, une veuve qui porte en terre son fils unique.

Il faut bien comprendre qu'aux temps bibliques une veuve, par définition sans mari, qui perd son unique fils n'a à l'époque plus aucun soutien familial, ni social autour d'elle et se retrouve donc sans protection, aucune.

Jésus aperçoit probablement les pleureuses et tout le cortège.

La veuve dans son chagrin ne demande rien, n'adresse pas même une prière à Jésus, peut-être même ne le voit-elle pas, mais elle croise Jésus, et Jésus la voit, jamais indifférent.

Luc (6 13) nous rapporte : « le Seigneur, l'ayant vue, fut ému de compassion pour elle et lui dit : ne pleure pas ! »

La compassion de Jésus est toujours le début du miracle. Il s'approcha, toucha le cercueil. Ceux qui le portaient s'arrêtèrent.

Il dit : « Jeune homme je te le dis lève-toi ! »

Et le mort s'assit et se mit à parler. Jésus le rendit à sa mère.

N'était-ce pas le but ?

Le fils de Dieu, rempli de la compassion du cœur du Père céleste a vu la détresse et les souffrances qui n'étaient pas même exprimées en paroles, par cette femme.

On peut s'étonner des paroles de Jésus, de ses ORDRES au mort.

Je cite non pas un apôtre, ni un disciple, mais l'étonnement de l'historien contemporain de Jésus FLAVIUS JOSEPHE ; dans le Thaumaturge (= celui qui fait des miracles)

Parlant de Jésus l'auteur latin écrit :

« Alors parut un homme, s'il est permis de l'appeler homme. Sa nature et son extérieur étaient d'un homme, son apparence plus qu'humaine, et ses œuvres divines ; il accomplissait des miracles étonnants et puissants.

Aussi ne puis-je l'appeler homme ; et tout ce qu'il faisait, par une certaine force invisible, il le faisait par la parole et le commandement...

Il s'opposait en bien des choses à la Loi, et n'observait pas le sabbat, selon la coutume des ancêtres ; cependant, il ne faisait rien d'impur ni d'aucun ouvrage manuel, mais disposait tout, seulement par la parole. »

Voilà le témoignage de l'étonnement, non pas d'un disciple, ni un apôtre, mais d'un historien contemporain de Jésus. [1] : Tout par la parole !

Autre anonyme silencieuse : La belle-mère de Pierre.

Jésus rentre de la synagogue, la belle mère de Pierre est couchée avec de la fièvre.

On parle d'elle à Jésus. Cela suffit.

« S'étant penché sur elle, Il menaça la fièvre et la fièvre la quitta. A l'instant elle se leva et les servit » (Luc 4 39)

Ni supplication, ni prière, juste la compassion du fils de Dieu, qui menace la maladie.

« S'étant approché Il la fit lever en lui prenant la main et à l'instant la fièvre la quitta » (Marc 1 31)

Marc précise : « Puis elle les servit ».

De mauvaises langues seront tentées de penser qu'Il l'a guérie afin qu'elle les serve !

Non, ne confondons pas les causes et les effets ;

Il ne l'a pas guérie pour être servi par elle, c'est parce qu'elle a été guérie qu'elle a certainement eu la joie de les servir.

---

1. Le Thaumaturge écrit par Flavius Josèphe vers l'an 45 49

C'est ce type de raisonnement qui fait dire à certains que nous sommes sauvés pour accomplir de bonnes œuvres ;

Il est plus juste de dire que c'est parce que nous savons que nous sommes sauvés (et que nous en sommes reconnaissants) que nous nous attachons à ce que nos actions soient bonnes. Nuance !

A propos des guérisons et des femmes….

Voici d'autres exemples de guérisons de femmes retentissants d'enseignements.

LA FEMME COURBEE

Luc (13 10-17)

Jésus enseignait dans une synagogue, un jour de sabbat.

Notre époque et notre pays de grande mixité sociale ont du mal à percevoir ce jour-là, l'ampleur de l'interdit. Il faut bien se représenter la synagogue, avec sa stricte séparation des hommes et des femmes, avec tous ses interdits de communication ; les hommes au centre et les femmes sur les côtés.

Et voici qu'Il aperçoit «Une femme possédée d'un esprit qui la rendait infirme depuis dix- huit ans ; elle était courbée et ne pouvait pas du tout se redresser »

Ce qui veut dire qu'elle ne pouvait, tout au plus, voir que les pieds de ses contemporains.

Jésus voit ce que les autres veulent ignorer :

Mais Jésus, lui, la voit et une fois de plus, dans ce lieu sacré Il transgresse tous les interdits. Voyant la souffrance de cette femme, Il ne peut y rester indifférent. Il interrompt probablement son enseignement ; on ne sait s'Il l'appelle ou s'Il avance vers elle, mais …

C'est Lui qui, bravant toutes les convenances, « lui adresse la parole et lui dit : femme tu es délivrée de ton infirmité ! Il lui impose les mains. A l'instant elle se redressa et glorifia Dieu ! ».

Il lui parle, la touche (puisqu'Il lui impose les mains) au beau milieu des hommes dans ce lieu sacré réservé à l'enseignement religieux.

Quelle belle leçon d'amour, de grâce anticonformiste ! Et bien évidemment ...Il provoque…

La colère des religieux :

….Le chef de la synagogue, outré, objecte que cette guérison n'a pas sa place un jour de sabbat !

Comme il ne peut réfuter l'acte directement, il va en réfuter le timing. Comme il ne peut pourfendre Jésus ouvertement, du haut de sa religiosité, il adresse à la foule de vifs reproches, lesquels indirectement, visent Jésus :

« Il y a six jours pour travailler, venez donc vous faire guérir ces jours-là et non pas le jour du sabbat ! »

Devant toute situation critique Jésus, selon son habitude, fait en sorte que la réponse sorte de la bouche de ses contradicteurs et c'est ainsi que souvent Il pose une question :

« Hypocrites (au pluriel), est-ce que chacun de vous, le jour du sabbat ne détache pas de la crèche son bœuf ou son âne, pour le mener boire ? »

(Luc 13 15)

Leur absence de répartie valant assentiment, Il met en avant la situation misérable de cette femme qui ne demandait rien :

« Et cette femme qui est une fille d'Abraham, et que Satan tenait liée depuis dix huit ans, ne fallait-il pas la délivrer de cette chaîne le jour du sabbat ? »

Il leur précisera par ailleurs très clairement : (Marc 2 27) :

« Le sabbat a été fait pour l'homme, et non l'homme pour le sabbat ! »

Voilà qui remet les pendules ...à l'heure !

Une fois de plus Jésus fustige la raideur, l'indifférence des religieux, qui l'attendaient au tournant.

Lesquels s'opposaient d'ailleurs en cela à la réaction de la foule.

« Tandis qu'Il parlait ainsi, tous ses adversaires étaient confus, et la foule se réjouissait de toutes les choses glorieuses qu'Il faisait ! »(Luc 13 17)

Jean nous confie même (Jean 12 42) : « Cependant même parmi les chefs, plusieurs crurent en lui, mais à cause des pharisiens, ils n'en faisaient pas l'aveu, dans la crainte d'être exclus de la synagogue. »

On peut remarquer dans ce récit plusieurs choses :

Jésus ne se trompe pas sur La cause de la maladie :

« Cette femme que Satan tenait liée depuis dix-huit ans » :

Il n'attribue pas la maladie à Dieu (comme on peut l'entendre souvent chez les religieux) mais bien à son auteur Satan.

Et oui dans des milieux religieux on sous-entend ; *oh oui ! Mais Dieu lui a envoyé ce cancer, ou cette paralysie…pour qu'il se repente et se tourne vers Lui etc.*

Non ! La maladie ne vient pas de Dieu, même s'il est vrai que Dieu peut retourner toute situation désespérée pour parler à un cœur, même au dernier moment.

Le Dieu du Nouveau testament n'est pas celui qui envoie la maladie, sinon son fils Jésus, qui a passé son temps à opérer toutes sortes de multiples guérisons, serait venu contrecarrer l'œuvre de son père !

Cela n'a pas de sens !

N'a-t-Il pas affirmé : « Moi et le père nous sommes UN. » (Jean 10 30)

Non ! Le Dieu du Nouveau Testament n'est pas l'auteur de la maladie !

A aucun moment dans les évangiles, nous ne trouverons Jésus, le Fils, punir quelqu'un avec une maladie, aucun, aucun.

Et Il a affirmé : « Celui qui me voit, voit celui qui m'a envoyé. » (Jean 12 45)

« Car je n'ai point parlé de moi-même ; mais le père qui m'a envoyé m'a prescrit lui-même ce que je dois dire et annoncer. » (Jean 12 50)

Combien La pression des religieux était forte sur Jésus.

Les foules le suivaient, mais les religieux le haïssaient.

Et Jésus ne guérit pas seulement cette femme courbée le jour du sabbat mais aussi l'homme à la main sèche.

Marc (3 1-7) se fait encore plus précis :

« Ils (les religieux) observaient Jésus pour voir s'Il le guérirait le jour du sabbat : C'était afin de pouvoir l'accuser. »

Cette fois, la question qu'Il leur pose est :

« Est-il permis, le jour du sabbat, de faire du bien ou de faire du mal, de sauver une personne ou de la tuer ?

Et s'ils ne peuvent rien répondre, leur silence vaut, un fois de plus, assentiment.

L'indignation réciproque :

Si Jésus indignait les religieux, la dureté de leur cœur aussi indignait Jésus !

Marc nous précise, que lors de cet épisode, Il promenait des regards sur eux avec indignation, et qu'Il était affligé de l'endurcissement de leur cœur ».

Heureusement qu'il nous est aussi rapporté que :

« Comme Il guérissait beaucoup de gens, tous ceux qui avaient des maladies se jetaient sur lui pour le toucher. »(Marc 3 10)

Jésus n'a cessé tout au long de son ministère terrestre d'être en butte aux religieux.

Les critiques des pharisiens :

Les pharisiens le critiquaient pour tout, et à tous propos.

S'attachant toujours à ce qui se voit, ils lui reprochèrent d'avoir des disciples qui :

- « Ne suivent pas la tradition des anciens, et prennent leur repas avec des mains impures ».

La réponse de Jésus n'a pas plu aux religieux : « Vous abandonnez le commandement de Dieu, et vous observez la tradition des hommes….annulant ainsi la parole de Dieu par votre tradition que vous avez établie. »(Marc 7 13)

- « Pourquoi mangez-vous et buvez-vous avec des gens de mauvaise vie ? »

La réponse de jésus : « Je ne suis pas venu appeler à la repentance des justes, mais des pécheurs. »

Les pharisiens n'aimaient pas celui qui a transformé l'eau en vin, vous imaginez-vous une seconde qu'Il ait pu transformer l'eau en(bon) vin lors d'un mariage, et ne pas y goûter ?

Jésus devait être gai en société, se réjouir avec ceux qui se réjouissent, et pleurer avec ceux qui pleurent anticipant le conseil de Paul aux Romains (Romains 12 15)

La religion a voulu nous présenter un *Jésus aseptisé,* au visage sévère et sans humour, mais Jésus devait être tout le contraire, Il devait rire en société, avec ses amis ce qui ne l'empêchait pas de voir les souffrances autour de lui et de s'interrompre sans précipitation pour voler au secours de celui ou celle qui avait besoin de lui.

Les pharisiens n'ont pas dû, non plus, aimer sa réponse sur le divorce ; Alors qu'ils Le questionnaient sur le sujet (Matthieu 19 7-8) :

- « Pourquoi Moïse a-t-il prescrit de donner à la femme une lettre de divorce et de la répudier ? »

Réponse de Jésus : « C'est à cause de la dureté de votre cœur que Moïse vous a permis de répudier vos femmes ; au commencement il n'en était pas ainsi. »

Sa gaîté ne nuisait en rien à sa sainteté, à sa liberté de geste ni de paroles.

De nos jours, Il serait qualifié de « politiquement incorrect »

Rien de ce que Jésus disait ou faisait n'agréait les hommes religieux de son époque.

Ce n'est pas vraiment étonnant que ce soit ces religieux qui aient cherché, d'abord à le faire taire, à le mettre souvent en difficulté, et finalement à le faire mourir.

Il s'est penché ici sur une fille d'Abraham qui ne lui demandait rien, mais quelle serait sa réaction si *une étrangère au peuple juif* avait l'audace de lui réclamer une guérison ?

C'est ce que nous allons voir avec l'approche de la femme cananéenne.

Matthieu (15 21-28)

Jésus se rend dans le territoire de Tyr et de Sidon, situé tout à fait au nord de la Palestine, deux villes côtières en bordure de la Phénicie.

Nous sommes loin de Jérusalem et la population n'est plus la même.

Et voici « Qu'une femme cananéenne qui venait de ces contrées, lui cria : aie pitié de moi, Seigneur, Fils de David ! Ma fille est cruellement tourmentée par le démon ! »

Et là notre Sauveur ne bouge pas. IL ne lui répond pas un mot.

Ses disciples (qui ne perçoivent pas toujours l'essentiel, il faut bien le dire) insistent auprès de lui, pour qu'Il la renvoie, (comme d'ailleurs Ils voulaient aussi renvoyer les enfants !) « Renvoie-la, elle crie derrière nous ! » Sous-entendu elle nous casse les oreilles.

Mais là Jésus choisit d'entendre, non pas ses disciples, mais la femme étrangère ;

La détermination d'une femme :

Et là, notre Sauveur va la tester, Il va tester sa détermination ;

La Bible ne nous traduit pas le ton, ni les mimiques mais on peut penser qu'Il a souri ;

Il lui répond : « Je n'ai été envoyé qu'aux brebis perdues de la maison d'Israël ! »

(Traduisons : Tu m'as reconnu comme juif, je ne suis là que pour les juifs.)

Et là, la femme étrangère au lieu de se décourager, insiste de plus belle, en se jetant aux pieds de Jésus. « Mais elle vint se prosterner aux pieds de Jésus lui disant : Seigneur secours-moi ! »

Et Jésus, sûrement déjà touché par la foi de cette femme étrangère, continue comme par jeu, la surenchère d'obstacles ; « Il n'est pas bien de prendre le pain des enfants (traduisons des juifs) et de le jeter aux petits chiens (aux étrangers) »

Si ses paroles semblaient dire NON, son regard sondeur, ses yeux remplis d'amour devaient l'encourager et dire OUI, continue femme, je t'écoute.

Cette joute verbale, comme un jeu, loin de rebuter la femme cananéenne définitivement, la pousse au contraire dans ses retranchements, et reprenant l'image de Jésus, elle répond avec respect, mais néanmoins du tac au tac :

« Oui, Seigneur, dit-elle, mais les petits chiens mangent les miettes qui tombent de la table de leurs maîtres ! »

Sa détermination, son endurance et surtout sa foi ont plu à Jésus qui finit par dire à cette étrangère :

« Femme, ta foi est grande ; qu'il te soit fait comme tu veux » Peut on imaginer un instant ces paroles qui libèrent la femme de son fardeau, prononcées sans le moindre sourire ?

Car l'attitude de cette étrangère a plu à Jésus, Il a trouvé en elle de la foi.

La version Chouraqui[2] dit : "Ce sera pour toi comme tu le veux"

Et à l'heure même, sa fille fut guérie.

Quand les hommes veulent faire taire les femmes Jésus les entend toujours, leur parle et répond à leur besoin ;

Raciste, Jésus ?

Non ! Les races ne le préoccupent pas, ce qui l'intéresse c'est la foi où qu'Il la trouve !

---

2. La Bible Traduction André Chouraqui (édition Desclée de Brouwer) 1989

DEUX GUERISONS SIMULTANEES :

La fille de Jaïrus

La femme à la perte de sang

(Mat 9 18 22) ; (Luc 8 43 48) ; (Marc 5 25 34)

Un homme appelé Jaïrus, chef de la synagogue, se jette au pied de Jésus et le supplie de venir chez lui parce que sa fille de douze ans se meurt. Jésus accepte de le suivre.

En chemin, parmi la foule se passe quelque chose de peu ordinaire pour l'époque, à plusieurs points de vue.

Une femme atteinte d'une perte de sang depuis douze ans et que les médecins n'avaient pas su guérir, brave tous les interdits de la loi pour approcher coûte que coûte Jésus.

L'impureté selon la loi de Moïse :

Là il faut s'arrêter un instant et réaliser que nous vivons dans des mondes différents ; nous, femmes d'un siècle et d'un pays saturés de publicité de tampons (et autres accessoires que nos grands-mères auraient qualifiés d'impudiques), avons du mal à imaginer tout l'opprobre autour de ce sujet tabou et tout ce que ce silence pouvait ajouter à la souffrance d'une femme atteinte d'hémorragie chronique.

Elle était supposée crier « impure ! » en permanence sur son passage, sous peine d'être lapidée si elle était découverte en état d'impureté parmi ses contemporains.

Selon la loi « la femme qui aura un flux de sang pendant plusieurs jours hors de ses époques régulières, ou dont le flux durera plus qu'à l'ordinaire sera impure tout le temps de son flux. » (Lévitique 15 25).

Tout ce qu'elle touchait (lit, siège) était déclaré impur.

« Quiconque les touchera sera souillé ». (Lévitique 15 27).

« Quiconque la touchera sera impur jusqu'au soir » (Lévitique 15 19).

Cette femme en s'approchant non seulement des autres dans une foule, mais surtout de Jésus, prenait au regard de la loi, un vrai risque.

C'était un pays et une époque où la honte, la culpabilité, et le règne des hommes faisaient peser un lourd silence sur la maladie et les sujets aussi intimes, abordés en catimini.

On ne peut s'empêcher ici de faire cette remarque :

C'est bien réellement « poussés par l'esprit de Dieu que des hommes qui ont écrit la Bible, ont parlé de la part de Dieu » (1Pierre 21), car ces trois récits concordants des évangiles ne sont visiblement ni des préoccupations d'hommes, ni une pensée d'homme, mais ils nous montrent que pour Dieu, (et Jésus son fils bien aimé et représentant sur terre), il n'y a pas de sujet tabou, car la santé d'une femme c'est toujours important pour Jésus

Toucher Jésus :

Les trois évangiles s'accordent pour dire que la femme n'a osé toucher Jésus que par derrière.

Tout et tous ce qu'elle touchait devenaient impurs !

Mais pas Jésus !

Marc nous dit : « Jésus regarda autour de lui pour voir CELLE qui avait fait cela. »

Oui, Jésus savait qu'il s'agissait d'une femme, Il se retourna pour voir le visage de CELLE qui l'avait touché, touché oui, mais contrairement à la foule qui le bousculait, elle, l'avait touché avec foi, car Jésus a senti qu'une force était sortie de lui.

Les lois de la foi :

Si la foi de cette femme est souvent mise en avant, il convient de s'arrêter un instant sur ce qui a provoqué sa guérison ; Jésus la voyant tremblante, avouant son forfait et ce pourquoi elle l'avait touché, lui dit tout simplement :

« Ta foi t'a sauvée, va en paix »

Il ne lui a jamais dit par exemple : *tu as assez prié, je te l'accorde…. Ni Tu mérites ta guérison maintenant, je te la donne.*

Ce qui est étonnant, et souvent prêché c'est la détermination de cette femme, car elle disait :

« Si je peux seulement toucher son vêtement je serai guérie ».

« Par tes paroles tu seras justifiée, par tes paroles tu seras condamnée » (Matthieu 12 37) ; Les paroles qu'elle a prononcées, effectivement l'ont sauvée.

Oui, elle a mis en pratique le fait de DIRE ; Marc (11, 23) nous rapporte précisément les consignes mêmes que Jésus donnera à ses disciples concernant la prière :

« Si quelqu'un **dit** à cette montagne : ôte toi de là et jette- toi dans la mer, et s'il croit dans son cœur que ce qu'il **dit** arrive et s'il ne doute point, il le verra s'accomplir. » D'accord.

Le pied de nez aux religieux :

Ce qui est plus subtil, ici, c'est le pied de nez discret aux religieux de tous poils qui voudraient que notre guérison soit quand même fonction de notre piété, du temps que nous avons passé à prier, à nous frapper la poitrine, à nous repentir, ou de notre assiduité à un office quelconque …etc. etc. ….

….En gros …. En fonction de nos mérites !!!!

Religiosité, religiosité, religiosité !

Il y a toujours chez certains un petit bout de loi qui revient, avec son désir de faire peser un petit joug sur les autres ; La loi nous a été donnée, oui, mais dans l'ancien testament pour nous montrer combien nous sommes incapables de la suivre.

Jacques (2 10) est limpide quand il affirme :

« Car quiconque observe toute la loi, mais pèche contre un seul commandement, devient coupable de tous. »

Qui a encore envie de vivre sous la Loi de Moïse aux six cent treize commandements ?

Qui peut encore se sentir juste aux yeux de Dieu ?

Qui peut mériter quelque chose ?

Combien dans notre imperfection nous avons besoin d'un Sauveur et de la grâce de Dieu !

La grâce du Nouveau Testament :

C'est là tout le mystère et la beauté de la Nouvelle Alliance, celle scellée entre Dieu et les hommes non par le sang rituel des agneaux (comme dans l'ancienne alliance), mais par le sacrifice, une fois pour toutes, du sang versé par le fils de Dieu.

Jésus a accompli la loi, la punition est tombée sur lui :

« Le châtiment qui nous donne la paix est tombé sur lui ». (Esaïe 53 5).

Il a payé le prix, la justice de Dieu est satisfaite. La colère de Dieu est tombée sur Jésus. Il a en quelque sorte attiré la foudre de la colère sur lui, comme le ferait un paratonnerre.

La guérison, tout comme le salut est une grâce, par définition nous ne la méritons pas, ils nous ont été acquis à la croix et nous, croyants du Nouveau Testament, avons maintenant la certitude que nous sommes sauvés et que :

« Par ses meurtrissures nous avons (temps passé) été guéris. » (Esaïe 53 5)

La part de Dieu et notre part :

LA GRACE c'est de bénéficier de ce que nous ne méritons pas et de ne pas *récolter* ce que nous mériterions !

C'est par la foi que nous nous emparons de ce que Dieu a prévu pour nous dans sa grâce infinie, par la foi en l'œuvre de Jésus sur la croix ; plus par nos efforts !

C'est ce que Paul appelle « Le renoncement aux œuvres mortes » (Hébreux 6 11), Celles qui n'apportent pas la vie, n'ajoutent rien et sont inutiles désormais.

« C'est par la grâce que vous êtes sauvés, par le moyen de la foi. Et cela ne vient pas de vous, c'est le don de Dieu ». (Éphésiens 2 8)

LA GRACE est ce que Dieu a prévu pour nous tous de toute éternité ; indépendamment de nous. C'est la part de Dieu. Elle s'est manifestée au travers et par le biais de Jésus Christ et de son sacrifice pour l'humanité toute entière.

LA FOI c'est notre part, notre réponse personnelle à cette grâce, cette main offerte de Dieu, la foi, c'est notre réponse à la grâce offerte.

La foi suffisante :

S'il avait fallu ajouter ou **faire** quelque chose Jésus n'aurait jamais pu dire à celui des deux brigands cloués sur une croix, (mais qui reconnaissait en lui le Sauveur puisqu'il lui demandait de se souvenir de lui quand Il reviendrait dans son règne) :

« Ce soir tu seras avec moi, dans le paradis. »

Cette conversion du brigand cloué sur la croix, condamné au même supplice que Jésus et très probablement criminel selon la loi des hommes, m'a toujours réjouie.

Je réalise et je goûte pleinement le fait que le tout ***premier sauvé*** par sa foi au sacrifice de Jésus à la croix était loin d'être un enfant de chœur !

Il avait été en fait ….un bandit, un brigand, un voleur ou un assassin….Peu importe…

C'est l'humour de Dieu ! …Et je me réjouis !

Clairement ici, c'est bien sa foi, que Jésus honore, pas ses actes ; car il ne pouvait plus rien changer ! ……

Le signal est fort ; clair ; Il s'agit donc bien de grâce et non pas d'œuvres pour être sauvé.

Hébreux (11-6) « Sans la foi il est impossible d'être agréable à Dieu »

Jésus est venu pour nous délivrer de la malédiction de la loi, nous ne pouvons rien faire de plus et n'avons rien à faire, ni à ajouter de plus. C'est cela la bonne nouvelle de l'évangile : Nous n'avons qu'à croire en Jésus pour être sauvé.

L'intuition des lois de la foi :

Lors de cette magnifique guérison qui révèle l'intelligence et surtout la foi intuitive d'une femme désespérée, de toute évidence Jésus n'a pas eu le temps de la jauger, de lui faire remplir un questionnaire sur ses pratiques religieuses, (ou pas), avant qu'elle n'obtienne par sa foi, et sa foi seule, sa guérison.

Ce qui est remarquable, ici, c'est que cette femme a juste et précisément mis intuitivement, en application les lois de la foi établies par Dieu :

- Elle a dit d'abord,

- Elle a cru,

- Ensuite elle a agi en fonction de cette foi,

Elle a donc obtenu sa guérison et cela, bien avant que Jésus ne l'ait enseigné, clairement à ses disciples dans les évangiles.

Femme métrorragique tu as toute mon admiration !!

Un peu comme au cinéma, dans un fondu enchaîné les deux histoires se chevauchent et s'entremêlent. (Luc 8 50) :

Jésus était encore en train de parler à cette femme qui l'avait touché, quand quelqu'un arrive de chez Jaïrus, chez qui Jésus devait se rendre, pour lui dire que c'était trop tard, que ce n'était plus la peine de déranger le Maître, et que sa fille était morte.

Mais c'était mal connaître Jésus ! Remarquons, que chaque fois qu'on ne veut pas déranger le Maître, Jésus a une opinion différente et une bonne raison d'agir !

Avec Jésus il n'est jamais trop tard !

Il dit simplement au père de l'enfant morte :

« Ne crains rien, crois seulement ! »

Cette simple phrase de Jésus face à une situation désespérée, résume tout l'évangile !

Car la crainte, la peur, toute la palette des sentiments négatifs qui sont si prompts à nous submerger parfois, sont à l'opposé, et le contraire de la foi !

Et quand ils arrivent dans la maison, tous pleurent et se lamentent, à l'orientale.

Et là, Jésus qui voit la réalité spirituelle à venir et non terrestre dit : «Ne pleurez pas, elle n'est pas morte, elle dort. »

Dehors l'incrédulité !

Et là sentant les moqueries, face à l'incrédulité de la foule, Jésus ne laisse entrer dans la pièce où gît le corps de la fillette, que son père sa mère et les trois disciples Pierre, Jean, et Jacques qui l'accompagnaient.

Pourquoi laisse-t-Il volontairement les pleureurs et *lamenteurs* dehors ?

C'est en fait à l'incrédulité ambiante qu'Il ferme la porte. Car Il ne veut pas qu'elle puisse influencer ni perturber la foi des parents.

Une fois de plus Il prononce des paroles de commandement. Il saisit la fillette par la main et dit d'une voix forte : « Enfant lève-toi ! »

Et le miracle se produisit ; « Son esprit revint en elle, et à l'instant elle se leva »

Et petit détail pratique qui m'émerveille, révélateur du soin de Dieu :

Son corps est guéri, mais doit recouvrer la forme naturellement ; « Jésus ordonne qu'on lui donne à manger » (Luc 8 53) car si elle était alitée depuis plusieurs jours, sans s'alimenter, une fois debout, elle pourrait être en état de faiblesse.

Chut !

Étonnant aussi, mais pas vraiment surprenant, Jésus leur recommande de ne rien dire à personne de ce qui s'est passé.

Pourquoi ?

- Est-ce pour éviter d'exposer la jeune fille à la curiosité de la foule ?
- Ou pour ne pas attirer à son père, chef de la synagogue, l'animosité des religieux ?

Une chose est sûre : Jésus pensait aux autres avant de penser à lui même…

Il aimait servir et ne se servait pas.

Ses actions (contrairement à celles des pharisiens) n'étaient pas faites pour être nécessairement vues des hommes

Son ego n'avait aucun besoin de projecteurs.

Deux remarques sur la méthode de Jésus :

D'abord : l'autorité :

Jésus ne suppliait jamais son Père, comme nous pourrions le faire, dans nos prières, face à la maladie, voire la mort, Il connaissait la volonté de son Père de guérir, et prononçait des paroles d'autorité.

C'est d'ailleurs après cet épisode spectaculaire de guérison que Luc nous rapporte que : « Jésus ayant assemblé les douze (disciples) leur donna force et pouvoir sur tous les démons, avec la puissance de guérir les maladies ». (Luc 9 1)

Ensuite : la mise à part :

Cette façon volontaire de fermer la porte à l'incrédulité ambiante, quand on veut un miracle dans notre vie, vaut pour nous, encore plus de nos jours ;

C'est une véritable bataille qui fait rage dans nos pensées, entre :

- ce que véhicule l'air ambiant négatif de notre société (au travers des média auxquels nous n'échappons pas)
- et la foi que nous voulons mettre en action en croyant et rappelant à Dieu ses promesses écrites.

C'est un combat de tous les jours. C'est vite dit de l'appeler *le combat de la foi*, c'est le combat de toute une vie. Car c'est bien dans nos pensées que la bataille fait rage. Et c'est dans nos pensées que la bataille se gagne.

Selon ce que nous recommande Paul dans l'épître aux Corinthiens :

« Que votre foi soi fondée, non sur la sagesse des hommes, mais sur la puissance de Dieu » (1 Corinthiens 2 5)

Quittons maintenant le domaine de la guérison, et voyons la rencontre de Jésus avec d'autres femmes.

RENCONTRE AVEC LA FEMME SAMARITAINE

Si nous nous référons au récit de Jean (4 4) Jésus bravait une fois de plus tous les interdits du moment en adressant la parole à une femme samaritaine ;

En effet les juifs tenaient en haut mépris les samaritains et n'entretenaient du haut de leur supériorité surtout aucun commerce avec ces hommes et encore bien moins avec les femmes !

Politiquement incorrect :

Et bien, Jésus, le juif, choisit de demander de l'eau puisée par les mains d'une femme samaritaine !

Les critères de Dieu ne sont pas ceux des hommes ; ce n'est pas parce qu'Il est fatigué ou même qu'il est plein midi, qu'Il adresse la parole à cette femme, mais plutôt parce que pour le fils de Dieu il n'y a ni considération raciale, ni sexiste.

Jésus le prophète :

Et quand Il lui parle de son passé « Tu as eu cinq maris et celui que tu as n'est pas ton mari», ce n'était pas un couperet ni un jugement qui tombait sur cette femme.

C'était une parole qui venait tout droit de la connaissance (de l'omniscience) du cœur de Dieu et c'est son regard d'amour qui mettait en lumière toute la vie sentimentale de cette femme.

Quel que soit son passé, veuve malchanceuse, ou femme aux meurs dissolues, c'était bien la partie la plus secrète de sa vie que Jésus, le prophète, passait *au scanner* de son regard aimant.

N'a-t-il pas dit : « Je suis la lumière du monde ? »(Jean 8 12)

Est-ce vraiment étonnant que la lumière éclaire ?

Tel *un laser divin*, lui seul pouvait tout à la fois mettre en lumière et cicatriser les plaies de cette âme féminine. Il savait tout d'elle, lui le Messie et pourtant ne la jugeait pas. Pas comme jugent les hommes.

« Dieu en effet n'a pas envoyé son fils dans le monde pour juger le monde mais pour que le monde soit sauvé par lui » (Jean 3 17)

Des vérités profondes :

C'est aussi à cette femme à laquelle Il n'aurait jamais dû (selon la loi des hommes) adresser la parole, que le fils de Dieu demande de l'eau fraîche et à qui Il va révéler des vérités les plus grandes et les plus profondes des évangiles :

« Celui qui boit de l'eau que je lui donnerai n'aura jamais soif, et l'eau que je lui donnerai deviendra en lui une source d'eau qui jaillira jusque dans la vie éternelle. » (Jean 4 14)

S'Il lui a demandé de l'eau, au début de leur rencontre, à la fin c'est elle qui l'appelle Seigneur et lui dit : « Donne-moi de cette eau, afin que je n'ai plus soif » (Jean 4 15)

Les vases communicants de l'esprit font qu'entre Jésus et cette femme, le dialogue passe de l'eau fraîche à l'eau spirituelle, de la soif physique à la soif de Dieu !

« Dieu est esprit, et il faut que ceux qui l'adorent, l'adorent en esprit et en vérité. » (Jean 4 24) c'est-à-dire sans support idolâtrique, ni d'espace, ni de temps, une relation d'esprit à esprit, un authentique cœur à cœur.

Voilà des révélations clé que Jésus a choisies de faire à une femme, qui plus est une étrangère, au peuple juif !

C'est elle qui se dépêche d'apporter la nouvelle dans sa ville : « Alors la femme, ayant laissé sa cruche, s'en alla dans la ville et dit aux gens : venez voir un homme qui m'a dit tout mon passé ; ne serait-ce point le Christ ? » (Jean 4 29)

Magnifique conséquence de cette rencontre avec cette femme qui a reconnu en Jésus le Prophète, le Seigneur, plusieurs samaritains de cette ville crurent en Jésus. Ce peuple qui traditionnellement n'avait rien à faire avec les juifs, a demandé à Jésus de séjourner quelques jours avec lui, demande à laquelle Jésus a accédée, et des samaritains ont prononcé une phrase que nous n'avons pas entendue chez beaucoup de ses contemporains juifs :

« Nous savons qu'il est vraiment le Sauveur du monde » (Jean 4 42)

En conséquence … aujourd'hui dans l'église :

Femme qui entre dans une église et donne ton cœur tout entier à Dieu, ne laisse personne juger à la va vite de ta vie sentimentale. Aussi bancale que soit ta situation aux yeux des hommes, pense à la femme samaritaine, Dieu ne te juge pas ; ce sont les humains qui jugent ;

Souvent vite et mal. Tu risques d'entendre : *sépare-toi, marie-toi, ou divorce* ; Jésus n'a rien demandé de tout cela à la femme samaritaine. Les autres risquent de te conseiller, souvent vite et mal !

Saches que Dieu, à l'instant où tu lui as donné ton cœur, a fait de toi une nouvelle créature. Ce qui ne se voit pas tout de suite de l'extérieur ; ton apparence sera la même, extérieurement, mais c'est à l'intérieur que Jésus travaille et ta croissance sera d'autant plus grande que tu t'attacheras à sa parole ;

Un processus de restauration :

La lecture de sa parole va restaurer ta propre image, celle que tu as de toi-même et qui a peut-être été abîmée dès ton enfance par des paroles d'autorité négatives, des jugements lapidaires dont tu avais du mal à te détacher, ou des blessures intimes qui dictaient leur loi dans ta vie depuis trop longtemps. Ton identité va devenir celle que Dieu, ton Père Céleste a prévue pour toi de toute éternité ; c'est cet amour inconditionnel, si puissant, qui nous donne cette capacité à pardonner, qui nous reconstruit. Tous.

Il devient notre colonne vertébrale. Celle qui nous redresse.

Notre identité nouvelle : celle qui fait que « les choses anciennes sont passées » (1 Corinthiens 5 17)

Il va te laver par l'eau de sa parole ; c'est ce que la Bible appelle le renouvellement de l'intelligence, te transformer petit à petit et, sans que tu t'en rendes compte, parce que tu te sentiras aimée, acceptée comme jamais, tu auras envie de plaire à ton Père Céleste, les choses vont changer, en toi d'abord, puis les circonstances vont changer autour de toi ;

C'est ce que fait la vie nouvelle de Dieu en nous, autour de nous, au-delà de nous, et même malgré nous !

Donner son cœur à Dieu c'est d'abord entrer :

- dans le repos de la paix, parce qu'on se sait pardonnée, puis
- dans la lumière de la vérité de sa Parole, celle qui nous rend libre, de notre passé, et enfin
- dans la joie d'avoir retrouvé la relation avec le Père, celle prévue de toute éternité.

Le magnifique psaume 23 décrit merveilleusement les étapes de cette métamorphose intérieure de celui qui se sait sauvé :

« Il me fait reposer dans de verts pâturages (Psaume 23 2)

« Il restaure mon âme » (Psaume 23 3)

Le verbe restaurer prend ici tout son double sens : restaurer c'est réparer, remettre en état, mais c'est aussi nourrir !

Il n'y a pas beaucoup de circonstances, ni de problèmes, qui résistent à ce processus de restauration quand il est en marche !!!

Quelle que soit ta situation, à la lecture de sa parole, Dieu va l'éclaircir. La situation qui te paraissait confuse, va s'éclaircir, devenir évidente, et alors tu seras capable, toi et toi seule de prendre une décision, s'il y a lieu.

Il faut que tu le saches ; cela la religion avec toutes ses règles de surface (fais pas ci, fais pas ça) ne te l'apprend pas, seule une vraie relation à Dieu, au travers de Jésus, son fils te l'accorde.

Mais, nous allons voir qu'en matière de non-jugement et de grâce divine il y a encore plus fort entre Jésus et les femmes.

LA FEMME ADULTERE

Jean (8 1 à11)

Le double piège :

Comment ne pas citer l'histoire de la femme adultère, amenée par les scribes et les pharisiens dans le temple devant Jésus ?

Quelles questions les féministes ne poseraient-elles pas au sujet de celle que les bons religieux prêts à lapider, utilisaient surtout pour tendre un piège à Jésus !

- D'abord pour pouvoir surprendre le flagrant délit, ne fallait-il pas qu'ils épient un tout petit peu ces religieux ?
- Ensuite où était l'homme pris en flagrant délit d'adultère avec elle ? Pris, mais peut-être pas surpris si on avait tendu un piège à la malheureuse ?
- Pourquoi n'avoir amené que la femme devant Jésus ?
- Avait-elle été séduite ? Était-elle malheureuse, incomprise, délaissée ?

La sagesse divine :

Dans son infinie tendresse Dieu ne nous dit rien de plus d'elle, Il ne la nomme même pas ; dans le silence de cette femme accusée, une fois de plus Jésus lit, Il voit son cœur repentant, sa détresse devant ses juges et se fait intelligemment, finement, merveilleusement son avocat face aux religieux violents.

On retrouve là toute la sagesse divine ; Il la condamne officiellement selon la loi de Moïse, on doit la lapider d'accord mais …

Et voici la phrase la plus époustouflante de tous les évangiles, celle qui révèle le mieux le caractère surprenant, subtilement divin de la personne de Jésus :

« Que celui qui est sans péché lui jette le premier la pierre ».

Qui aurait pu si subtilement donner raison aux religieux et les faire taire en même temps ?

« Quand ils entendirent cela, accusés par leur conscience, ils se retirèrent un à un ». Mutisme général !

L'opinion profonde de Jésus sur l'adultère :

Si l'on veut fouiller plus profond dans l'opinion de Jésus face à l'adultère on trouve une exigence encore plus *« pointue »* que celle de la loi de Moïse qui se contentait de dire :

« Tu ne commettras pas d'adultère. » et considérait donc l'acte.

Cette affirmation de Jésus dans Mathieu (5 28) va direct aux profondeurs du cœur des hommes, et cible même l'intention « Tout homme qui regarde la femme d'un autre pour la convoiter, a déjà commis l'adultère avec elle dans son cœur ! »

Ouille !

Décidément Jésus regarde au cœur, au cœur profondément !

L'attitude miséricordieuse de Jésus envers cette femme pulvérise littéralement la haine des hommes religieux qui avaient déjà les pierres à la main.

A la femme qui se retrouvait seule avec lui, Il dit, certainement avec douceur, et un regard plein d'amour : « Femme, où sont ceux qui t'accusaient ? Personne ne t'a-t-il condamnée ? Je ne te condamne pas non plus : va et ne pèche plus. »

Amour qui va avec justesse :

Une fois de plus, Jésus déverse sur cette femme tremblante (tout comme la femme à la perte de sang) un flot d'amour, de pardon et de miséricorde…

Car Il aimait exercer la Grâce….Mais aussi la justice :

« Va et ne pèche plus ! » Son amour inconditionnel lui donne la force d'aller.

Rencontre avec la grâce divine :

Jésus a manifesté là toute la mesure de la grâce divine opposée au jugement légaliste des hommes, et cette grâce Il a pu l'exercer parce qu'Il est lui-même l'accomplissement de la loi.

« Ne croyez pas que je sois venu abolir la loi, je suis venu pour l'accomplir »

(Math 5 17)

« Il n'y a plus de condamnation pour ceux qui sont en Jésus christ » (Romains 8 1)

Jamais dans l'évangile femme n'a eu à faire, en si peu de temps, à la fois, à la loi au travers des juges légalistes et à la grâce en personne au travers de Jésus !

Car, cette femme a rencontré la grâce en personne !

Oui Jésus aime les femmes que nous sommes, femmes anonymes, de toutes races de toutes couleurs, de toutes conditions. Il l'a prouvé maintes fois. Dieu connaît nos cœur, nos souffrances, parfois celles infligées par les hommes, nos sentiments les plus cachés.

Il est celui qui nous relève et son amour nous guérit.

Les religieux avaient tendu un piège, à Jésus, comme à cette femme. Jésus l'a habilement déjoué. Entre cette femme et les religieux violents Jésus a été comme un rempart.

Féministe, Jésus ?

Non juste, simplement juste.

Parmi les conseils que Jésus donnait à ses disciples lorsqu'Il les envoyait deux par deux, prêcher le royaume et guérir les malades une recommandation m'a toujours interpellée :

« Ne prenez rien pour le voyage, ni bâton, ni sac, ni pain, ni argent, et n'ayez pas deux tuniques ; Dans quelque maison que vous entriez, restez-y ; et c'est de là que vous partirez » (Luc 9 3)

Jésus leur recommande de ne rien emporter, ce qui ne veut pas dire ne rien avoir !

Jésus savait de quoi ils auraient besoin.

Oui, Le fils connaissait la providence du Père ; et la providence du Père pouvait passer par des femmes ;

Luc nous donne des noms précis : « Les douze étaient auprès de Lui, avec quelques femmes qui avaient été guéries d'esprits malins : Marie de Magdala (de laquelle étaient sorti sept démons) Jeanne, femme de Chuza, intendant d'Hérode, Susanne, et plusieurs autres qui l'assistaient de leurs biens » (Luc 8 2-3)

Jésus n'avait rien à lui, mais ne manquait jamais de rien :

A un scribe qui voulait le suivre Jésus a présenté son propre dénuement comme préambule à son ministère :

« Les renards ont des tanières, et les oiseaux du ciel ont des nids, mais le fils de l'homme[3] n'a pas un lieu où Il puisse reposer sa tête. »(Matthieu 18 20)

---

3. Le Fils de l'homme, comme Il s'appelait lui-même, c'était probablement celui qui avait un corps physique de chair et d'os, comme nous les humains, par opposition sans doute au Père qui est esprit et à toutes les créatures spirituelles (bonnes ou mauvaises)

Le fils de l'homme n'était pas préoccupé des choses terrestres, matérielles ou physiques, ni des biens ni des possessions, rien de tout cela, pour lui-même.

Pourtant à sa mort, des soldats se sont partagé sa tunique d'une seule pièce de tissu ;

La tunique de Jésus :

Jean nous rapporte : « Ils prirent sa tunique, qui était sans couture, d'un seul tissu depuis le haut jusqu'en bas et ils dirent entre eux, ne la déchirons pas, mais tirons au sort à qui elle sera. Cela arrive afin que s'accomplisse cette parole de l'écriture : ils se sont partagé mes vêtements, et ils ont tiré au sort ma tunique » (Jean 19 23-24)

Encore une prophétie (tirée du psaume 22 19) de l'ancien testament, d'une précision stupéfiante concernant Jésus, et qui s'est accomplie. Ce psaume 22 prédit avec une précision bouleversante les souffrances du sauveur sur la croix :

« Je pourrais compter tous mes os, eux ils observent et me regardent ; ils se partagent mes vêtements, ils tirent au sort ma tunique » (Psaume 22 18-19)

Le texte ne le dit pas mais il y a de fortes chances pour que ce vêtement de qualité ait été donné à Jésus par une femme de qualité précisément. Une femme de cœur, mais qui devait avoir aussi les moyens, preuve que Jésus n'était pas approché seulement par les pauvres.

D'ailleurs si l'on fait un rapide rapprochement entre les femmes qui accompagnaient Jésus de son vivant et celles qui se joignirent plus tard à Paul lorsqu'il leur prêchait Jésus, on peut comprendre que le message de la croix et de la résurrection était reçu par la multitude de ceux qui craignaient Dieu « et par beaucoup de femmes de qualité » (Actes 17 4)

Femmes qui avaient dû mettre (intuitivement ?) en application le commandement de Jésus lors du Sermon sur la montagne :

« Donnez et Il vous sera donné » (Luc 6 38)

Ou encore « Que celui qui a deux tuniques partage avec celui qui n'en a point »

« Et que celui qui a de quoi manger agisse de même » (Luc 3 11)

L'hospitalité :

De même, pour les disciples, de passage dans un village, le fait de rester dans la même maison un jour ou deux, ne reposait-il pas sur l'hospitalité d'un homme, certes, mais surtout sur la bienveillance de sa femme ?

Parmi les femmes qui ont su rendre hommage à Jésus une seule a eu le geste extraordinaire que j'aurais aimé avoir : Marie de Béthanie.

JESUS ET MARIE DE BETHANIE

(Jean 12 3)

L'onction des femmes :

«Une femme s'approcha de Lui, tenant un vase d'albâtre, qui renfermait un parfum de grand prix ; et pendant qu'Il était à table elle répandit le parfum sur sa tête. Les disciples s'indignèrent et dirent : A quoi bon cette perte ? » (Matthieu 26 6-8)

Cette scène a lieu six jours avant la pâque.

Jean, lui, nous précise que Judas disait : « Pourquoi n'a-t-on pas vendu ce parfum trois cent deniers pour le donner aux pauvres ? »(Jean 12 5)

Cette scène relue dans les trois évangiles me laisse sans voix.

Que Judas qui était voleur et « prenait ce que l'on mettait dans la bourse » (Jean 12 6) fasse cette remarque ?

Passe encore, c'était le traître ! Le voleur !

Soit ! Il est cohérent avec lui-même !

Que les disciples n'aient pas eu l'idée d'apporter du parfum pour oindre Jésus ?

Passe encore ! Après tout le parfum est affaire de femme !

Mais que les disciples s'indignent, avec Judas, du geste de Marie ?!

Fallait-il qu'ils ne comprennent pas la portée de ce geste !

Fallait-il qu'ils ne soient pas d'accord avec l'intention de Marie !

Fallait-il qu'ils n'aient, eux les disciples, aucune intention, qu'ils n'éprouvent aucun besoin d'honorer en aucune façon Jésus, leur Maître !

Ce geste fantasque sous leurs nez aurait dû leur faire honte, leur ouvrir les yeux !

Combien de fois Jésus avait-Il annoncé à ses disciples qu'Il devait mourir et ressusciter ? Maintes fois, à plusieurs reprises.

Marie de Béthanie était-elle donc, la seule dans l'entourage de Jésus à l'avoir entendu, et à avoir compris les paroles de Jésus, quand Il annonçait : « le fils de l'homme sera livré pour être crucifié » ? (Matthieu 26 2)

Cette femme qui avait perçu qu'Il devait mourir, a voulu dans son amour, lui montrer toute sa reconnaissance en oignant à l'avance son corps de parfum pour sa sépulture. Et Jésus savait qu'elle avait compris. Quel magnifique lien spirituel dans cette onction !

Car le symbole visuel devait aussi être saisissant : le vase d'albâtre étant en marbre blanc veiné, pouvant faire penser à de la chair, et le nard pur qui s'en écoulait étant d'un rouge sang, l'ensemble devait évoquer prophétiquement une blessure ou un sacrifice.

Quel contraste, dans ces attitudes ! Les murmures, l'indignation et l'irritation des disciples sont à mes yeux tristement révélateurs de l'état de dureté de leur cœur et surtout de leur manque de reconnaissance.

Un parfum d'adoration :

Le nard pur était de l'extrait de parfum, très cher, et une livre pouvait donc coûter plusieurs mois de salaire. Ce concentré de parfum devait sentir très bon et surtout très fort.

C'était surtout, étant donnée l'attitude de cette Marie, un parfum d'adoration qui s'était répandu dans toute la pièce et comme tel, il était, bien sûr, urticant au nez des religieux.

Car les religieux ne comprennent pas la vraie adoration, celle qui prend sa source dans la reconnaissance du cœur :

« Nul n'est comme toi parmi les dieux Seigneur et rien ne ressemble à tes œuvres ». (Psaume 85 8) « Tu es plein d'amour pour ceux qui t'invoquent ». (Psaume 86 5)

« Qu'ils sachent que toi seul, dont le nom est L'Eternel, tu es le très haut sur toute la terre ». (Psaume 83 19)

Les psaumes de David sont rythmés par ces cris de trop plein de joie, et ces danses même, que les religieux austères et silencieux ne peuvent pas même entrevoir.

Citons encore David : « Avec des cris de joie sur les lèvres, ma bouche te célèbrera ! » (Psaume 63 6)

Ce sont les femmes, et pas les hommes hélas, même les plus proches de Lui, qui ont osé les gestes les plus empreints de reconnaissance, les plus fous, tel celui de la femme pécheresse.

Nous pouvons remarquer au passage que les gestes prophétiques d'adoration de ces deux femmes ont été critiqués, hélas, par les hommes présents.

La vision prophétique de son geste :

Ce qui était une PERTE pour les religieux était un GAIN aux yeux de Dieu ;

Là où les religieux voyaient une mauvaise action, Jésus voyait une bonne action à son égard. Il a perçu, Lui, non seulement l'intention, la générosité dans son adoration de Marie de Béthanie, mais a même vu la double portée prophétique de son geste :

Il a perçu ce geste comme :

- Un parfum d'adoration, d'une part, et d'autre part
- « Elle a d'avance embaumé mon corps pour la sépulture. » (Matthieu 26 12)

Il le place même, dirions-nous aujourd'hui, *dans le panthéon* des gestes à rapporter à la postérité : « Je vous le dis, en vérité, partout où la bonne nouvelle sera prêchée, dans le monde entier on racontera aussi en mémoire de cette femme ce quelle a fait ! » (Marc 14 9)

Si c'était un hommage que cette femme voulait rendre à Jésus, quel hommage Jésus rendait à cette femme !

La générosité hors norme du geste de cette Marie, pour Jésus, était prophétiquement à la mesure de la générosité insondable dont Jésus allait faire preuve pour l'humanité entière en répandant son sang sur la croix.

Peu de contemporains ont eu une telle approbation de leur attitude !

Décidément, là où les hommes regardaient à la surface Jésus a toujours regardé en profondeur. Je cite (1 Samuel 16 7) :

« L’homme regarde à ce qui frappe les yeux, mais Dieu regarde au cœur ».

Tout comme, le jour où …

Les petites pièces de la veuve :

…Le jour où Jésus s’est assis non loin du tronc, et observait les gens qui y mettaient de l’argent. On peut apprendre beaucoup sur les gens en observant leur comportement avec l’argent ; c’est ce que Jésus faisait ce jour-là. Mais avec un discernement qui nous dépasse.

(Luc 1-4) on peut lire :

« Que les riches y mettaient beaucoup d’argent »,

« Il vit aussi une pauvre veuve qui y mettait deux petites pièces. »

Et là, quelle ne fut pas la remarque de celui que l’on ne trompe pas, car Il lit dans les cœurs : « Cette veuve pauvre a mis plus que tous les autres !!!

Car les autres avaient mis de leur superflu ; elle avait mis de son nécessaire, tout ce qu’elle avait pour vivre ».

Le beaucoup de ces riches était PEU !

Le PEU de cette veuve était beaucoup !

O la justesse du regard de Jésus !

Cette femme pécheresse, comme l'appelle la Bible est en fait une prostituée.

Le bas du bas de la classe sociale. La lie de la société pour les religieux de l'époque. Au regard de tous ces hommes, mains plus impures dans la ville, il n'y avait pas.

Une pécheresse est entrée :

Ce dut être l'effroi quand le pharisien l'a aperçue sous son toit !

Et pourtant, cette femme va vivre une des plus belles métamorphoses de la Bible.

« Elle se tint derrière aux pieds de Jésus, elle pleurait et lui mouilla les pieds de ses larmes, puis lui essuya avec ses cheveux, les embrassa et les oignit de parfum » (Luc 7 38)

Elle se tient aux pieds de Jésus, avec humilité, elle pleurait,

David, l'homme selon le cœur de Dieu, avait déjà compris que : « Les sacrifices qui sont agréables à Dieu c'est un esprit brisé ». (Psaume 52 19)

Est-ce la sainteté de Jésus, ou la puissance de son amour qui faisait ressortir toute sa culpabilité ?

Ici une des phrases de Jésus qui est la plus citée (et peut-être la plus mal interprétée) lors de nombreux offices religieux :

« Ses nombreux péchés ont été pardonnés car elle a beaucoup aimé !! »(Luc 7 47)

Comme si avoir aimé plusieurs personnes dans une vie garantissait le pardon obligatoire de nos turpitudes.

Non ! Il n'y a de pardon possible qu'en Jésus !

Il serait plus juste de comprendre :

On voit bien (ou la femme pécheresse sait) que ses nombreux péchés ont été pardonnés, car elle a manifesté beaucoup d'amour (à Jésus).

Une femme libre va ressortir :

Le fait est Jésus voit son humilité, son cœur brisé et lui dit tout simplement :

« Tes péchés te sont pardonnés »

Alors que ceux qui étaient à table avec lui se dirent en eux-mêmes : « qui est celui qui pardonne même les péchés ? »

Jésus, voyant sa foi, d'une parole libère la Femme : « " Ta foi t'a sauvée, va en paix ! "» (Luc 7 50)

Cette femme, rentrée sans y être vraiment invitée, est entrée pécheresse (avec tout l'opprobre attaché à sa condition) et au nez et à la barbe des religieux, a reçu le pardon de tous ses péchés et en est ressortie libre, c'était une créature nouvelle.

Et tout cela, hors synagogue, sous le toit, et à la barbe d'un pharisien !

Quel humour du Seigneur qui ne place pas la scène dans un lieu religieux, mais à la barbe des religieux !

Comment ne pas se réjouir !

De toute évidence, ce ne sont pas ses œuvres, *ses bonnes actions* qui l'ont libérée c'est le geste d'adoration qui partait de sa reconnaissance, la manifestation de sa foi.

Comme l'exprime si bien Paul :

« Nous avons cru en Jésus Christ, afin d'être rendus justes par la foi en Christ et non par les œuvres de la loi, parce que personne ne sera rendu juste par les œuvres de la loi »

(Galates 2 16)

« Si je vis, ce n'est plus moi qui vis, c'est Christ qui vit en moi »

(Galates 2 20)

Les reproches de Jésus :

Cette femme pécheresse aux yeux de tous était si facilement critiquable, pourtant, ce n'est pas à la femme, aussi pécheresse soit elle, que Jésus choisit d'adresser ses reproches, mais au pharisien qui l'avait reçu, Lui, (et dans le cœur duquel Il lisait aussi) :

"Tu ne m'as pas donné d'eau… tu ne m'as pas donné de baiser…tu ne m'as pas versé d'huile…. »

« Tu n'as point versé d'huile sur ma tête mais, elle, a versé du parfum sur mes pieds »

(Luc 7 46)

Le lavage des pieds :

Jésus objecte au pharisien qui dénigrait ce geste venant d'une femme de mauvaise vie, que lui, son hôte, ne lui avait pas proposé d'eau pour se laver les pieds.

De nos jours, à l'heure des salles de bain et des gels-douche, cela peut encore passer pour le comble de l'humilité de laver les pieds de son prochain, mais à l'époque de Jésus, si c'était certes, un geste d'humilité (puisque c'était une tâche réservée aux esclaves) pour celui qui le recevait c'était surtout une mesure d'hygiène et d'hospitalité quand on avait parcouru les chemins poussiéreux de la Galilée.

La portée prophétique du geste de la femme pécheresse :

Elle a mouillé les pieds de ses larmes, et les a essuyés de ses cheveux ; elle a utilisé ce qu'elle avait pour laver en quelque sorte les pieds de Jésus.

Comment ne pas rapprocher ce beau geste de celui-même que Jésus, plus tard, effectuera lors du dernier repas, et enseignera à ses disciples :

«Il se leva de table, ôta ses vêtements, prit un linge, dont Il se ceignit. Ensuite Il versa de l'eau dans une bassine, et se mit à laver les pieds de ses disciples, et à les essuyer du linge dont Il était ceint. » (Jean 13 5)

Il avait voulu donner l'exemple, lui le Maître, (d'ailleurs pas spontanément compris par ses disciples), du comble de l'humilité et de l'amour ;

L'exemple du serviteur.

« Quiconque veut être grand parmi vous qu'il soit votre serviteur. » (Marc 10 43)

« Et quiconque veut être le premier qu'il soit l'esclave de tous » (Marc 10 45)

C'était là son enseignement !!!

Il est venu pour servir et non pour être servi.

Intuition de la femme pécheresse :

Dans ce contexte probablement hostile, au milieu des regards masculins de mépris, ce geste d'adoration fantastiquement généreux est né spontanément du cœur reconnaissant de cette femme, de son amour.

Pourtant la femme pécheresse n'avait aucune chance d'avoir eu son exemple, ni l'enseignement qu'Il a donné à ses disciples, le jour où, elle, a accompli ce geste.

Elle ne pouvait donc pas reproduire un geste enseigné ni appris.

Selon l'enseignement même que jésus a donné, se sentant indigne, elle avait choisi volontairement une position de servante et parmi tous les présents, elle était devenue, aux yeux de Dieu la plus grande, la première !!

La chevelure des femmes :

Dans ces deux récits les deux femmes qui voulaient manifester leur vénération à celui qu'elles savaient être le Sauveur, ont utilisé leur chevelure pour essuyer les pieds de Jésus, après les avoir mouillés, soit de parfum, soit se larmes.

Ce que Jésus ne dit jamais :

On pourra remarquer que jésus ne fait aucune remarque sur le fait de voir les cheveux de ces femmes. Il n'est en rien dérangé par cette vision, et ne leur fait, ni à l'une, ni à l'autre, aucune remarque désobligeante ; leur féminité ne le dérange pas.

Elle ulcère les religieux, mais pas Jésus.

Alors que l'apôtre Paul demande aux femmes mariées de se voiler dans l'église, Jésus ne fait jamais aucune allusion, ni aux vêtements des femmes, ni à leur tenue, ni à leur cheveux ;

Les vêtements des femmes :

Venez comme vous êtes !

En admettant que Jésus ait eu besoin *d'un slogan marketing*, Il aurait tout à fait pu faire sienne l'incitation de cette chaîne de fast food internationale qui nous invite, nous français à venir nous restaurer, auprès d'eux, tels que nous sommes, en nous disant :

Venez comme vous êtes !

Si les religieux, sous toutes les latitudes, sont toujours en train d'édicter des codes vestimentaires, pour les femmes, cela ne préoccupe pas Jésus.

Pourtant la Bible fait fort :

Chez le pharisien c'était bien une femme pécheresse qui s'était présentée, en langage moderne une prostituée ;

Peut-être que l'on pourrait supposer que ses vêtements étaient un peu vulgaires, ses bijoux plutôt voyants pour attirer les hommes ou qu'elle était un peu trop maquillée ….

Jésus contrairement à ce que pensait, en lui-même, le pharisien :

« Si cet homme était prophète, Il saurait qui et de quelle espèce est la femme qui le touche » (Luc 7 39) Jésus savait tout de cette femme, comme Il savait tout de la femme samaritaine.

Le choix de Jésus :

Mais dans le cœur de la femme pécheresse, comme dans celui du pharisien légaliste qui méprisait en silence le geste de la femme, Jésus lit, et choisit de ne faire aucune allusion à la condition, ni à la tenue de la femme.

Jésus n'y fait aucune allusion, les seules remarques qu'Il va faire dans les deux cas s'adressent aux hommes qui critiquent ces femmes; Quand les disciples objectent, en bons religieux, que l' argent du parfum très cher répandu (sous entendu inutilement) aurait été plus utile pour les pauvres,

Jésus qui regardait avant tout au cœur des femmes qui avaient eu des gestes prophétiques en faisant une offrande, leur dit simplement:

« Pourquoi faites-vous de la peine à cette femme?» (Matthieu 26 10)

Le cœur d'une femme, ses sentiments, son adoration spontanée plus importants que l'aumône aux pauvres ?

L'aumône aux pauvres :

Il ne confondait pas lui, bonnes œuvres et bonnes actions.

Jésus n'est pas contre l'aumône aux pauvres (Il a dit aux disciples vous aurez toujours des pauvres avec vous).

Là où il est difficile de tromper Dieu c'est en soulageant sa conscience *à petit prix* en faisant l'aumône à un pauvre. Il en faut plus pour qu'une bonne œuvre soit une bonne action.

Pour Jésus ce ne sera jamais une formalité, ni une question de quantité, mais d'amour.

Jésus n'a jamais critiqué durement les femmes, les seules remarques qu'Il a pu faire sont des suggestions qui n'accablent jamais celle à qui Il s'adresse.

MARTHE ou MARIE ?

(Luc 10 41)

Le récit du repas chez Marthe et Marie m'a toujours interpellée.

Jésus en chemin avec ses disciples entre manger chez Marthe.

Elle s'affaire en cuisine, tandis que sa sœur Marie, assise aux pieds de Jésus boit ses paroles et la laisse.... à ses casseroles.

Combien la femme pratique, que j'essaie d'être, comprend (non pas la question mais plutôt) la remarque de Marthe : « Cela ne te fait-il rien que ma sœur me laisse seule pour servir ? »

Quelle femme, seule en cuisine, n'a jamais été tentée de s'irriter quand au salon on rit parce que la conversation devient intéressante ?

Là, c'était terrible pour Marthe... C'était Jésus qui parlait !!

J'ai souvent posé la question au seigneur : *Et toi, Jésus, quelle femme veux-tu que je sois ?*

Je me suis moi-même souvent posé honnêtement la question :

Si je savais que tu viennes manger chez moi, laquelle des deux sœurs serais-je ?

Nourriture terrestre ou nourriture céleste ?

Ce qui m'émerveille une fois de plus, dans ce récit, c'est la douceur de Jésus qui ne blesse aucune des deux sœurs, et n'oppose pas entre elles ces deux types de femmes :

« Marthe, Marthe (Il a bien dû l'appeler deux fois avant qu'elle ne s'arrête) tu t'inquiètes et tu t'agites pour beaucoup de choses, Marie a choisi la bonne part, celle qui ne lui sera point ôtée ». (Luc 10 42)

Le pain de vie :

Cette part c'est l'adoration, le silence, le calme et la plénitude que seule engendre la présence du Dieu vivant (et qui devait faire contraste avec le bruit des casseroles en cuisine).

Jésus n'a-t-Il pas dit : « Je suis le pain de vie, celui qui vient à moi n'aura jamais faim, et celui qui croit en moi, n'aura jamais soif. » (Jean 6 35)

« Car le pain de Dieu, c'est celui qui descend du ciel et qui donne la vie au monde. »

(Jean 6 33)

Visiblement l'une des deux sœurs, Marie était rassasiée au pied de Jésus ; son âme était nourrie.

Ce qu'Il ne dit jamais :

Jésus est bien trop subtil pour n'avoir pas perçu dans la formulation du reproche que lui adresse personnellement Marthe (cela ne te fait-il rien Seigneur…) l'écho d'un reproche récurant visant sa sœur Marie, comme un conflit familial latent couvant entre les deux sœurs …sous un reproche familier…

Remarquons que ce n'est pas la première fois que les deux sœurs ont des attitudes diamétralement opposées et que Marthe va adresser un reproche à Jésus ;

Marthe la râleuse ?

De la même façon, lors de la mort de leur frère Lazare :

« Quand Jésus eut appris que Lazare était malade, Il resta deux jours encore dans le lieu où Il était » (Jean 11 6) et… Marthe donc après la, mort de leur frère « lorsqu'elle apprit que Jésus arrivait, elle alla au devant de lui, tandis que Marie se tenait assise dans la maison » (Jean 11 20)

Marthe va oser dire à Jésus : « Seigneur si tu avais été ici, mon frère ne serait pas mort» (Jean 11 21) Adresser des reproches à Jésus, faut le faire !

Marthe aurait-elle un tempérament râleur ?

Vous en connaissez des femmes comme ça ?

Mais ni les critiques, ni les compliments, ni les reproches n'ébranlent Jésus qui ne dévie jamais de son charisme pour les femmes. Tous les tempéraments de femmes.

Ce jour là, sous leur toit, Jésus se garde bien d'attiser la tension ni d'entrer dans le conflit entre les deux sœurs dans lequel Marthe semblait vouloir l'entraîner ;

Une sœur plus active ? Une plus passive ?

Une sœur davantage dominatrice ? Une plus soumise ?

Prendre partie entre ces deux types de femmes ne l'intéresse pas ;

Nous n'entendrons jamais sortir de sa bouche des paroles blessantes d'homme ordinaire, pouvant être excédé par l'attitude des femmes, du style :

- *« Marie bouge un peu ! »*
- *Ni « Marthe tu ne comprends rien ! Ta sœur, elle, a tout compris ! »*

A aucun moment dans les évangiles ne nous seront rapportées des paroles dures, ni des jugements sévères de Jésus vis-à-vis des femmes ; il n'y a aucun exemple.

Jésus leur manifeste toujours de l'amour et un profond respect.

Et oui ! Râleuse, ou passive, Jésus nous aime !

Il reconnaît la sueur de Marthe affairée en cuisine, son empressement, sa volonté, son implication, Il a compris toute sa motivation, son zèle, mais s'est chargé immédiatement d'alléger son fardeau en prononçant des paroles de paix entre les deux femmes : « une seule chose est nécessaire »

Le rapport de Jésus à la nourriture :

Quand Jésus pense *BOUCHE*

Son rapport à la nourriture était d'ailleurs très simple ; Il n'imposait pas d'interdit ni de demande particulière, face aux interdits et traditions religieuses, une fois de plus, le préoccupait plus le contenu du cœur que celui de l'estomac.

D'ailleurs Il avait opposé à la pusillanimité des religieux en matière de lavage des mains avant le repas, l'enseignement qu'Il voulait donner aux foules :

« Ce n'est pas ce qui entre dans la bouche qui souille l'homme ; mais ce qui sort de la bouche, c'est ce qui souille l'homme. » (Matthieu 15 11)

A ses disciples (qui avaient souvent besoin de précisions) Il ajoute : « Ne comprenez-vous pas que tout ce qui entre dans la bouche va dans le ventre, puis est jeté dans le lieu secret ? »

Voilà qui est clair, et renverrait dos à dos, carnivores, végétariens, végétaliens et autres européens nantis, heureux trieurs et choisisseurs de nourriture.

Jésus, lui, va à l'essentiel à ses yeux quand Il pense *BOUCHE* :

« Mais ce qui sort de la bouche, vient du cœur, et c'est ce qui souille l'homme. »

(Matthieu 15 18)

A ces disciples Il précise encore : « C'est du cœur que viennent les mauvaises pensées, les meurtres, les adultères, les débauches, les vols, les faux témoignages, les calomnies. Voilà les choses qui souillent l'homme ; mais manger sans s'être lavé les mains, cela ne souille point l'homme ! » (Matthieu 15 19-20)

Visiblement Jésus en comparant ce qui entre dans l'estomac à ce qui sort du cœur, place au dessus des règles alimentaires, les règles élémentaires de droiture de cœur !

La fin des interdits alimentaires de la loi :

L'apôtre Paul d'ailleurs, finit de balayer tous les interdits de la loi et parachève notre liberté alimentaire en nous donnant ce simple conseil qui s'aligne bien avec la pensée de Jésus :

« Mangez de tout ce qui se vend au marché, sans vous enquérir de rien par motif de conscience. » (1 Corinthiens 10 25).

Petit bémol à cette liberté :

La seule limite à notre liberté réside dans le fait, lors d'une invitation par exemple de ne pas vouloir choquer ni blesser autrui par notre attitude ;

C'est la loi du respect qu'engendre l'amour de son prochain bien compris ; Paul nous précise :

« Soit que vous mangiez, soit que vous buviez, soit que vous fassiez quelque chose, faites tout pour la gloire de Dieu. » (1 corinthiens 10 31)

Voilà qui simplifie tout de même le marché !

Un clin d'œil :

Un dîner presque parfait ?

A propos de marché ! Ça y est j'ai trouvé !

J'ai enfin trouvé ce que je ferais si Jésus venait manger chez moi !!!

Un plat unique !!!

Quelque chose comme un couscous la veille, que je réchaufferais le lendemain ;

J'essaierais d'être, à la fois Marthe :

Dans les marmites jusqu'au cou la veille… pour nourrir son corps !

Et Marie !

Aux pieds de Jésus, le lendemain … pour nourrir mon âme !

(Matthieu 27 24)

Lorsque Jésus comparaît devant Pilate une expression bien connue révèle que celui-ci, pris entre l'autorité romaine dont il dépendait et les religieux juifs, « voyant qu'il ne gagnait rien, mais que le tumulte augmentait, prit de l'eau se lava les mains en présence de la foule et dit : je suis innocent du sang de ce juste. Cela vous regarde »

Lors du procès de Jésus :

Lui, Pilate s'est lavé les mains alors que son épouse, elle, avait pris clairement la défense de Jésus en faisant passer ce message à son mari alors qu'il siégeait au tribunal :

« N'aies rien à faire avec ce juste, car cette nuit j'ai beaucoup souffert en rêve à cause de lui » (Matthieu 27 19)

Si l'un des rôles de l'épouse est de conseiller son mari, voilà une épouse qui semblait voir plus clair que son homme !

C'est peut-être Flavius Josèphe[4], l'historien, qui nous fournira un éclairage sur cette prise de position de la femme du gouverneur Pilate :

« Les chefs des juifs étant venus trouver Pilate ... Celui-ci envoya des hommes chercher le thaumaturge (= celui qui fait des miracles). Il enquêta sur lui et il connut qu'Il faisait le bien et non le mal qu'Il n'était ni un révolté, ni un aspirant à la royauté et le relâcha car Il avait guéri sa femme qui se mourrait ».

C'est donc une femme (qui aurait été guérie par Jésus ?) dont le nom ne nous est pas donné, qui contrairement à Pilate qui s'est lavé les mains, avait eu le courage, elle, de se mouiller !

4. Flavius Josèphe « Le Thaumaturge » (écrit vers 45-49)

Parmi ses disciples des femmes :

Si Jésus aimait et respectait les femmes, elles savaient qui Il était et elles étaient proches de lui ; et même celles qui avaient été guéries, accompagnaient les disciples dans leur déplacement.

Des noms nous sont donnés : Marie de Magdala, Jeanne, Suzanne.

Dans cette société essentiellement masculine, au milieu des disciples, dans tous ces déplacements, c'était inimaginable, pour l'époque, révolutionnaire. La présence des femmes qui avaient été guéries ne dérangeait aucunement Jésus. Preuve que Jésus n'entrevoyait pas les femmes selon l'angle de leur féminité, ni de la séduction.

Pour Jésus, si on osait, on pourrait dire que les femmes étaient *des hommes comme les autres* !

C'est d'ailleurs ce que Paul expliquera plus tard, aux Galates :

« Il n'y a plus ni Juif, ni Grec, il n'y a plus ni esclave, ni libre, il n'y a plus ni homme, ni femme ; car tous vous êtes UN en Christ ». (Galates 3 28)

Il nous est presque impossible dans nos sociétés occidentales d'imaginer ce que l'attitude de Jésus avait de politiquement incorrect, une fois de plus, Il allait en cela, à contre courant complet de ses contemporains.

Ce sont les femmes qui l'ont assisté de leurs biens pendant ces trois années de ministère. Son humilité n'avait aucun problème à accepter des femmes, ce qu'elles lui donnaient.

Sa virilité non plus n'était pas en péril.

Jésus et Marie de Magdala ?

Imaginer, comme certains hommes l'ont écrit, que Marie de Magdala ait pu devenir la compagne de Jésus c'est ramener Jésus à leur niveau, à leur faiblesse et leur convoitise d'hommes.

On leur pardonne, mais toute la lecture des évangiles prouve que le Jésus que je connais n'a jamais été là pour son bonheur un seul instant,

Il ne s'est jamais servi, mais a servi les autres. Tous les autres.

Rien ne nous dit qu'Il n'ait pas, effectivement, croisé le regard de Marie de Magdala, (regard probablement plein de reconnaissance et d'admiration) mais Marie de Magdala n'a pas dû obtenir de Jésus d'autre regard que celui qu'Il posait sur toutes les femmes.

Car ses yeux avaient mieux à faire que de plonger dans le regard d'une seule femme ;

Ils devaient voir toutes les femmes.

Christ époux d'une seule femme ou époux de l'église ?

Toute la Bible utilise l'image, tout le langage des liens forts et symboliques du mariage pour représenter les liens qui unissent Jésus à son église.

Déjà le prophète Osée murmurait dans l'Ancien Testament à l'oreille de la Tribu d'Israël :

« Tu m'appelleras mon mari ! Et tu ne m'appelleras plus mon Maître ! (Osée 2 18)

Il poursuit ses promesses :

« Je serai ton fiancé pour toujours ; je serai ton fiancé par la justice, la droiture, la grâce et la miséricorde, je serai ton fiancé par la fidélité et tu reconnaîtras l'Eternel » (Osée 2 21)

L'apôtre Paul s'adressant aux chrétiens de l'église ajoute :

« Je suis jaloux de vous d'une jalousie de Dieu, parce que je vous ai fiancés à un seul époux, pour vous présenter à Christ comme une vierge pure ». (II Corinthiens 11 2)

Comment ne pas citer le poème central de la Bible :

Central parce que situé exactement au centre de toute la Bible ; central aussi dans la pensée de Dieu :

La célébration des amours du roi Salomon avec la Sulamithe sa bien aimée femme de couleur, celle qui lui murmure, à l'oreille : « Je suis noire, mais je suis belle » (C/C 1 5)

Le Cantique des cantiques, véritable chant d'amour allégorique, ode superbe à l'amour entre un homme et une femme, célébration de l'union des cœurs et des corps, mais toujours comparé en filigrane avec l'amour de Jésus pour son église :

« Je suis à mon bien aimé, mon bien aimé est à moi ; Il fait paître son troupeau parmi les lys ». (Cantique des cantiques 6 3)

Sur le chemin de Golgotha

Dernièrement la relecture des évangiles faisait monter une louange dans mon cœur.

Sur le chemin de Golgotha Luc nous rapporte : « Il était suivi d'une grande multitude de gens du peuple et de femmes qui se frappaient la poitrine et se lamentaient sur lui. Jésus se tourna vers elles et leur dit : filles de Jérusalem, ne pleurez pas sur moi ; mais pleurez sur vous et sur vos enfants » (Luc 23 27-28)

Les femmes se frappent la poitrine, sur son passage, mais Jésus dont la situation est pourtant critique puisqu'Il sait parfaitement le sort qui l'attend, tourne une fois de plus les projecteurs de sa compassion vers les autres, les femmes et les enfants.

Tout comme il va le faire, sur la croix, en prenant soin de sa propre mère, ses pensées ne sont jamais, jamais centrées sur lui-même, mais sur le sort des autres. S'ils sont capables de faire cela à un juste, que réservera-t-on aux méchants ?

Le silence des femmes :

Je réalisais que lors du procès de Jésus, et pendant la crucifixion, alors que les religieux hurlaient leur haine « crucifie-le ! », pendant qu'ils se moquaient de lui, le frappaient, l'injuriaient et se délectaient du spectacle de ses souffrances, la Bible ne mentionne, dans la foule aucune voix de femme...

« Près de la croix se tenaient sa mère, et la sœur de sa mère, Marie femme de Clopas et Marie de Magdala » (Jean 19 25)

Les portraits féminins dans la Bible ne sont pas tous flatteurs, mais au moment de la crucifixion les femmes font silence.

Peut-être que l'atrocité du spectacle les bouleversait.

« Il y avait là plusieurs femmes qui regardaient de loin et qui avaient accompagné Jésus depuis la Galilée pour le servir » (Matthieu 27 55)

Et après sa mort ?

Après la crucifixion, les femmes, toujours les femmes, avaient suivi Joseph d'Arimathée qui avait réclamé le corps de Jésus, pour voir où il le mettait. Si ces femmes regardaient avec attention où Joseph d'Arimathée plaçait le corps, c'est parce qu'elles avaient une intention précise.

Un dernier geste de respect :

Matthieu (16 1) précise que ce sont les femmes qui l'avaient suivi depuis la Galilée qui « achetèrent des aromates afin d'aller embaumer jésus. »

Jean nous parle de Nicodème celui qui « auparavant était venu trouver Jésus de nuit, apporta un mélange de myrrhe et d'aloès » (Jean 19 39)

Luc nous rapporte : « Les femmes qui étaient venues de la Galilée, avec Jésus accompagnèrent Joseph d'Arimathée, virent le sépulcre et la manière dont le corps de Jésus y fut déposé, et s'en étant retournées, elles préparèrent des aromates et des parfums, puis elles se reposèrent selon la loi (pour respecter le shabbat) (Luc 23 56)

Certaines femmes en silence, ont suivi Jésus, du regard et du cœur, jusqu'au bout, avant, pendant et même après sa mort.

Ses propres disciples, ceux avec qui Il avait vécu pendant trois ans, ceux qu'Il avait enseignés, étaient tapis dans leur doute, et leur incompréhension de sa mort ; dans leur consternation ils s'enfermaient à double tours par crainte des autorités juives, alors que les femmes, elles, (qui prêterait attention à des femmes) se rendaient au tombeau.

Alors qu'il semblerait que cette pratique dans l'antiquité égyptienne d'abord, puis hébraïque ensuite, ait été réservée aux prêtres, ici lors de la mort de Jésus, des femmes projettent, à défaut d'en prendre l'initiative, d'accompagner les hommes dans cette tâche.

Elles étaient prêtes à toucher une dernière fois son corps meurtri, couvert de blessures et de sang, à lui rendre de leurs mains un hommage ultime, en le parfumant, en l'embaumant avec des aromates, selon la tradition orientale, pour lui rendre, après une mort infamante, sa dignité avant la mise au tombeau.

Acte destiné à honorer une dernière fois, voire conserver plus longtemps, la dépouille de celui qu'elles aimaient.

Mais c'était sans compter, avec la puissance de vie de la résurrection.

Celle, qui, telle une braise incandescente qui couvait dans ses os, a ramené à la vie, d'un souffle puissant, celui que les ténèbres et la mort, ne peuvent pas retenir.

Juste avant qu'Il ne ressuscite leur frère Lazare, Jésus n'avait-Il pas affirmé, à Marthe :

« Je suis la résurrection et la vie. Celui qui croit en moi, vivra même s'il meurt » ? (Jean 11 25)

Apparition à Marie de Magdala :

C'est elle qui se rendit au tombeau dès le lever du jour. Voyant le tombeau vide Jean (20 11) nous rapporte qu'elle pleurait et que :

« Les deux anges assis à la place où avait été couché le corps de Jésus, lui dirent : femme pourquoi pleures-tu? Elle leur répondit parce qu'ils ont enlevé mon Seigneur, et je ne sais pas où ils l'ont mis. En disant cela elle se retourna, et elle vit jésus debout ; mais elle ne savait pas que c'était Jésus. Et Jésus lui dit femme pourquoi pleures-tu ? Qui cherches-tu ? ».

Le récit de jean nous révèle qu'elle ne le reconnut pas tout de suite qu'elle le prit même pour le jardinier !

Ce n'est que quand Il l'appela par son nom « Marie ! » qu'elle le reconnut ; c'est alors qu'Il prononça cette phrase qui a tant marqué l'imaginaire humain des artistes :

« Noli me tangere » (ne me touche pas ou ne me retiens pas).

Que penser du fait que Jésus lors de sa résurrection ait choisi d'apparaître à une femme d'abord ?

Même elle, ne s'attendait Pas à voir de ses yeux le Jésus ressuscité qui lui a dit simplement :

« Va trouver mes frères, et dis-leur que je monte vers mon Père et votre Père, vers mon Dieu et votre Dieu ». (Jean 20 17)

Marc nous rapporte :

« Elle alla porter la nouvelle à ceux qui avaient été avec lui, et qui s'affligeaient et pleuraient, quand Ils entendirent qu'Il vivait et qu'elle l'avait vu, ils ne la crurent point ! » (Marc 16 10-11)

Un simple commentaire :

Ses propres disciples ceux qui avaient entendu ses paroles ne crurent point le rapport des femmes ! Nous comprenons mieux pourquoi Dieu dans sa préscience a choisi d'utiliser en l'occurrence toute l'émotion, l'éloquence, et la combativité des femmes.

Les cheveux de Marie Madeleine et l'imaginaire humain :

Ce personnage troublant de femme des évangiles a énormément impressionné, jusqu'à encore aujourd'hui, l'imaginaire des hommes, de beaucoup d'hommes.

On pourrait presque dire qu'il exerce une certaine fascination.

Cette scène dite du « ***noli me tangere*** » a inspiré plusieurs peintres classiques comme le Corrège[5] ou encore Bellini ou Le Titien[6] qui ont fait d'elle de superbes portraits, toujours cheveux défaits.

Avec la sculpture de Gregor Erhart[7] on retrouve encore une représentation de Marie de Magdala avec cette abondante, sulfureuse chevelure rousse longue et ondulée.

Telle est l'imagerie populaire de cette Marie de Magdala.

Pourtant, il conviendrait, pour lui rendre justice, de citer aussi un critique d'art Édouard Schure[8] qui décrit avec une acuité particulière et des mots plus que justes, l'une des représentations du visage de cette Marie madeleine lisant[9],

Voici ce qu'il dit de sa physionomie :

« C'est une transformée, plus qu'une repentie ; Cette Madeleine donne l'impression d'une nature régénérée ...par l'harmonie du cœur et de la pensée ; le parfum d'une seconde innocence s'exhale de son être ».

Si telle paraissait donc sa régénérescence, peut-on encore s'étonner qu'elle ait eu envie de prolonger la présence de Jésus…

---

5. « Noli me tangere » de Le Corrège (1525) musée du Prado Madrid

6. « Marie Madeleine » du Titien (1533) musée du Louvre Paris

7. Sculpture de Marie Madeleine musée du Louvre Paris

8. Édouard Schure dans sa « Revue des deux mondes » (tome 45) 1881

9. « Marie Madeleine de Dresde lisant » gravure sur cuivre de Le Corrège

Les cheveux des femmes et la vengeance des hommes :

Comment ne pas se souvenir de ces images d'archives de la fin de la deuxième guerre mondiale, images d'une dureté effroyable où l'on voit de bons patriotes français, de bonne moralité tondre en place publique, ces femmes traîtresses qui avaient eu la faiblesse d'avoir des relations sexuelles avec l'ennemi allemand ?

Relations qui ont d'ailleurs fait naître toute une génération d'enfants dont encore aujourd'hui les deux pays (la France et l'Allemagne) ont honte.

Ces enfants, tristement appelés *enfants de la honte* ont pourtant une place et existent dans le cœur de Dieu, car :

« Dieu donne une famille à ceux qui étaient abandonnés » (Psaume 68 7)

« Dieu est le père des orphelins et le défenseur des veuves » (Psaume 68 6)

« Car si mon père et ma mère m'abandonnent, l'Eternel me recueillera » (Psaumes 27 10)

...Pourvu qu'on le leur dise...

Pourtant, ces enfants nés de relations coupables (et surtout culpabilisées) ont dû pour la plupart toute leur vie durant, faire avec la cruauté ordinaire de ce *no man's land affectif* et culturel.

Sans jamais vouloir se demander si en temps de guerre et de solitude ces femmes avaient eu peur, ou tout simplement faim, des hommes de bonne moralité se sont vengés, avec sadisme sur la chevelure des femmes.

Comment ne pas penser, comme au temps des pharisiens et de la femme adultère, que les hommes s'acharnent sur ce qui les attire et risque de les séduire ?

Comment ne pas opposer l'attitude de ces hommes à celle miséricordieuse de Jésus ?

La chrétienté et les cheveux des femmes :

Quand on songe que tout une partie de la chrétienté occidentale s'est divisée (encore au siècle dernier) sur la base de :

- longueurs de cheveux réglementaires ou pas dans l'église,

- de longueurs de jupes réglementaires ou pas,
- de port de pantalons ou pas !
- de port de voile sur la tête ou pas !

Je crois sincèrement que les cheveux des femmes sont un cadeau de Dieu ; aux femmes comme aux hommes !

Un cadeau aux femmes : à leur féminité, leur fantaisie :

Aux femmes dont ils satisfont la coquetterie, en leur permettant de changer de tête, les cheveux longs, mi- longs, bouclés, raides, relevés en chignon ;

Car le créateur savait à l'avance ce que l'imagination industrieuse des femmes allait faire de cette élément pileux ; oui, on peut déceler l'appartenance culturelle d'une femme en regardant sa coiffure ;

Dites-moi franchement : laquelle d'entre nous n'a jamais été heureuse après une coupe « ratée » de savoir que le créateur qui nous connaît, a prévu que ça repousse !

Un cadeau aux hommes :

Ils n'avoueront jamais qu'ils sont sensibles à une frange, une mèche qui tombe, une boucle, ou une nuque relevée. Cette féminité naturelle est un cadeau de Dieu, aux hommes.

Est-ce parce qu'ils le sont trop, sensibles, que les religieux cherchent à éliminer de leur vue cette tentation permanente en *bâchant* les femmes ?

Si seulement les hommes qui veulent parler de la part de Dieu pouvaient regarder à l'exemple de Jésus !!

Il ne s'enfermait pas, et n'enfermait pas davantage les femmes. Il se retirait pour prier, certes, mais, le couvent n'étant pas dans sa pensée, Il ne se cloîtrait pas !

Jésus se trempait réellement dans l'humanité, n'éludait aucune de ses souffrances, sensible à la douleur d'autrui, allait, venait, laissant sur son passage un sillage de pardon, de guérisons, de grâce.

Tout cela en l'absence totale de jugement vestimentaire, indifférent aux apparences, sans perdre une seconde de son temps pour des coiffures, ou ce qu'Il savait être secondaire, temporel ou même tout simplement culturel.

O j'aime lire dans les évangiles que la relation de Jésus aux femmes, à toutes les femmes, de tous les âges, de toutes les races, est forte, belle, indifférente aux apparences, à contre courant de son époque, qu'elle ne s'est pas même dissolue avec la mort du Sauveur sur la croix.

Toutes les paroles de Jésus étaient empreintes de respect, tous ses gestes remplis d'amour, tous ses regards de compassion, pour celles qui se sont adressées à lui, comme pour celles qui n'osaient pas.

L'opposition entre Jésus et les religieux :

Personne sur terre n'a été plus juste avec les femmes, ne les a mieux comprises, aimées, secourues, et moins jugées ; Jésus a été un véritable rempart entre les hommes religieux et les femmes.

Jamais on ne le voit critiquer des femmes, les seules personnes qu'Il critique vertement et ouvertement, qu'Il fustige sévèrement sont les religieux, ceux qui veulent représenter une autorité, la loi sans amour, une dureté qui souvent se tourne contre les femmes ;

A l'opposé des religieux, Jésus n'est pas venu apporter des règles supplémentaires, Il est venu établir avec l'homme, non une religion, mais une relation de cœur à cœur. Non un jugement, mais une main tendue.

Tous ses gestes, tous ses mots prouvent qu'Il lit dans les cœurs, que ce qu'Il recherche c'est la profondeur du cœur humain, le contraire des apparences, la vérité, la droiture et la foi.

Curieusement, les foules entendaient son message de pardon, alors que les religieux semblaient ne rien comprendre.

Le Jésus qui divise :

Le prophète Esaïe dans le chapitre 53, nous donne huit siècles avant même la naissance de Jésus Christ une vision (inouïe de précisions) des souffrances de Jésus sur la croix.

Dans ce même chapitre il nous dit du Sauveur :

“Il n’avait ni beauté ni éclat pour attirer nos regards, et son aspect n’avait rien pour nous plaire” (Esaïe 53 2).

Ce n’est donc pas son physique qui attirait les foules.

Il n’avait probablement aucune beauté plastique, mais devaient émaner de ses paroles une telle autorité, une telle justesse, une telle vérité qu’elles ne laissaient pas ses auditeurs indifférents ! Il voyait ce que les autres ne voulaient pas voir, et faisait ce que les autres ne faisaient jamais !

L’acuité de son regard, la pertinence de ses jugements, la justesse, le charisme de ses gestes et le surnaturel qui les accompagnait (preuve que Dieu était avec lui) avaient pour effet soit de provoquer l’adhésion ... soit de déranger … les inefficaces.

Remarquons bien que : L’attitude de toute personne face au message de Jésus (que ce soit ses contemporains ou les nôtres, rien n’est changé), est toujours révélatrice de l’état d’un cœur ; je cite les paroles mêmes de Jésus :

« Car quiconque fait le mal hait la lumière, et ne vient point à la lumière, de peur que ses œuvres ne soient dévoilées ; mais celui qui agit selon la vérité vient à la lumière, afin que ses œuvres soient manifestées parce qu’elles sont faites en Dieu. » (Jean 3 21)

« La lumière étant venue dans le monde, les hommes ont préféré les ténèbres à la lumière, parce que leurs actions étaient mauvaises. » (Jean 3 18-19)

On peut en rapprocher cette autre parole de Jésus :

« Je ne suis pas venu apporter la paix sur la terre, mais l’épée » (Matthieu 10 34)

C’est à dire diviser, séparer par ma Parole, ceux qui croient, et ceux qui ne croient pas. Jean nous confie : « Il y eut donc, à cause de lui, division parmi la foule » (Jean 7 43)

La colère de Jésus :

Les religieux ont même réussi à mettre Jésus en colère.

Mais la colère de Jésus ne partait pas comme chez les pharisiens, d'un sentiment d'envie ou de jalousie, (ni d'un débordement d'humeur, ou d'un trop plein d'émotions mal contenues), non la colère de jésus était une colère d'indignation juste.

Car il y a des colères justes.

Dans le temple, la loi de Moïse prescrivait de sacrifier des animaux pour le pardon des péchés et lors des fêtes rituelles. Ce qui devait être un service rendu, le fait de trouver des animaux à proximité, quand on venait de loin par exemple, était devenu un commerce juteux.

« Il trouva dans le temple les vendeurs de bœufs, de brebis, de pigeons et les changeurs assis. Ayant fait un fouet avec des cordes, Il les chassa tous du temple, ainsi que les brebis et les bœufs ; il dispersa la monnaie des changeurs, et renversa les tables ». (Jean 2 14-15)

Les changeurs étaient assis ! Ils attendaient le client ! Ce qui devait être au départ un service ne l'était plus.

Ces hommes ne rendaient plus un service, ils se servaient ! Ce qui a mis Jésus en colère.

Jésus en colère, mais pas aveuglé :

Jésus dit aux marchands de pigeons : « ôtez cela d'ici, ne faites pas de la maison de mon Père une maison de trafic ! » (Jean 2 16)

On remarquera au passage, malgré sa colère, la différence de traitement :

S'Il a chassé du fouet le bétail qui pouvait sur ses pattes, s'enfuir en même temps que les vendeurs, Il a eu la délicatesse de demander aux vendeurs de pigeons *d'ôter cela d'ici* …car les pigeons eux, étaient prisonniers de leur cage…et Il aurait pu les blesser.

C'était, avec justesse, l'honneur de la maison de Dieu qu'Il défendait ; la maison de son Père. Matthieu, du même épisode nous précise que Jésus indigné leur dit :

« Il est écrit : Ma maison sera appelée une maison de prière. Mais vous vous en faites une caverne de voleurs ! » (Matthieu 21 13)

C'était une colère, oui, mais dont le point de départ n'était pas l'égoïsme, mais l'amour.

Le cauchemar des pharisiens :

Les pharisiens et tous les scribes, ceux qui étaient détenteurs de la loi n'appréciaient pas du tout les paroles, ni d'ailleurs les actes de Jésus parce qu'ils tournaient en dérision leur superficialité, les renvoyaient comme un miroir à leur dureté, révélaient leur égoïsme, leur absence d'humanité, leur inefficacité, leur inintelligence dans l'application de la loi.

Tandis que tous les gestes de Jésus envers ses contemporains étaient des actes d'amour visiblement libérateurs ; vis-à-vis de la condamnation à mort, de la maladie, ou même de la tradition des hommes.

Ces actes de grâce, de pardons gratuits, (qui révèlent le cœur du Père), libéraient ainsi l'humanité (et particulièrement les femmes), et ôtaient du même coup leur pouvoir et leur autorité aux religieux.

PORTRAIT DU RELIGIEUX :

Les paroles-mêmes de Jésus nous permettent de tracer un portrait fidèle du religieux.

La suprématie des religieux était mise à mal, leur joug était ébranlé, par les enseignements de Jésus que recevaient les foules ; pas étonnant qu'ils aient voulu se débarrasser de celui qui les dépeignait et les fustigeait ainsi :

« Conducteurs aveugles qui éliminez le moucheron et avalez le chameau »

(Matthieu 23 24) (=Qui ergotez sur les détails et ne voyez pas l'essentiel)

« Malheur à vous parce que vous fermez aux hommes le royaume des cieux ; vous n'y entrez pas vous-même, et vous n'y laissez pas entrer ceux qui veulent y entrer. »

(Matthieu 23 13)

Il se contente d'apparence :

« Malheur à vous scribes et pharisiens hypocrites ...vous faites pour l'apparence de longues prières » (Matthieu 23 14)

« Ils aiment les premières places dans les festins, les premiers sièges dans les synagogues» (Matthieu 23 6)

« Ils aiment à être salués dans les places publiques et à être appelés par les hommes Rabbi (=maître ou docteur) (Matthieu 23 7)

Jésus mettait à nu leurs intentions quand Il proclamait haut et fort :

« Ils font leurs actions pour être vus des hommes ». (Matthieu 23 5)

Car le religieux, de tout temps, a toujours aimé la solennité de ses gestes. Il aime sa fonction, elle lui donne de l'importance.

Lors de la célébration de la sainte cène par exemple, il aime élever la coupe, faire des gestes lents en brisant le pain ; ce qui compte aux yeux de Dieu ce n'est pas la hauteur ni la lenteur de nos gestes (qui mettent en avant l'importance de notre fonction), mais plutôt la valeur que nous attachons dans notre cœur au sacrifice de Christ, ou la joie que nous donne sa victoire sur toutes les formes de ténèbres.

On peut prendre la sainte cène gravement, religieusement, sans conviction et, inversement avec précipitation, sans apparente solennité, mais avec une parfaite joie dans la foi.

Il n'aime pas la femme :

Le religieux a peu de considération pour les femmes. L'exemple des pharisiens qui ont amené la femme prise en flagrant délit d'adultère et non pas l'homme pris avec elle, bien sûr est très révélateur de leur mentalité.

Le péché : c'est la femme et non pas l'homme !

La Sainte inquisition jadis brûlait plus de « *sorcières* » déjà que de sorciers !

La religion fait pression sur le religieux et le religieux fait pression sur la femme.

Tous les gestes de Jésus qui témoignaient d'un traitement d'égal à égal avec les femmes, voire pire, de compassion ou de miséricorde, étaient des causes d'ulcères pour les religieux.

Ses gestes étaient perçus comme scandaleusement hors normes, pour ne pas dire hors la loi. De la même façon qu'existe dans notre code civil le terme « *outrage à magistrat* » Jésus avait inventé, à n'en pas douter : ***« l'outrage à religieux »*** !

La femme a toujours été la cible du religieux, lui soustraire sa victime, comme le faisait si subtilement Jésus, était donc un outrage

Car dans l'esprit du religieux le péché : c'est la femme !

Flash back sur le péché originel de désobéissance dans la Genèse (chapitre 3):

Dans le jardin d'Éden, quand Satan a tenté insidieusement Ève, semant dans son esprit, le doute sur la parole de Dieu, en lui disant : « Dieu a-t-Il réellement dit : vous ne mangerez pas de tous les arbres du jardin ? »

Où était Adam ? Que faisait-il, pour n'avoir pas pu dire à temps : « Ève, Dieu ne nous a-t-Il pas fermement dit : vous n'en mangerez point et vous n'y toucherez point ! » ?

Cinquante-cinquante ! Fifty-fifty ! Torts partagés entre l'homme et la femme ! Dans le péché originel, celui qui a entraîné toute l'humanité dans sa chute : le péché de désobéissance à Dieu !

Car le péché originel, ne pouvait pas, contrairement à ce que l'église a aimé nous faire croire, être d'ordre sexuel. Dieu les avait bénis en leur disant : « Soyez féconds, multipliez et remplissez la terre ! » (Genèse 1 28) Ils n'étaient que deux, et n'avaient qu'un moyen d'être féconds….Et c'était sur l'ordre de Dieu lui-même !

Hélas, la femme est encore très souvent dans beaucoup trop de pays encore traitée en être inférieur et a toujours été la cible du religieux.

Le judéo-christianisme n'est pas la seule religion à avoir rabaissé les femmes ; en Grèce, en Chine, en Inde, en Perse, en Amérique précolombienne longtemps on a montré peu d'estime pour les femmes, perçues comme les premières pécheresses, et surtout objets de toutes les tentations.

C'est pourquoi, l'égalité des droits civiques est un long, laborieux cheminements des mentalités, même dans nos sociétés dites occidentales.

Et cela ne date pas d'hier.

Alain Decaux [10] l'historien écrit :

« On affirme qu'en 585 un concile s'est tenu à Macon pour trancher une épineuse question : La femme a-t-elle une âme ? »

La légende de ce concile a pour origine probable une question linguistique qui avait été évoquée lors du second concile de Macon en 585 au cours duquel un évêque s'est demandé si « *homo* » (homme en latin) pouvait désigner l'être humain en général (femmes comprises) et non exclusivement le sexe masculin.

Après un long débat, la question aurait été tranchée du coté du problème linguistique et non pas philosophique !

L'affaire a été classée : Les femmes auraient donc une âme ! Ouf !

---

10. « Histoire des françaises » librairie académique Perrin (Paris 1972)

Mais la légende de *la question du concile* aura laissé des séquelles.

Témoin ce poème révélateur d'Évariste Parny[11] qui écrivit en 1806 :

« Cessez donc vos plaintes mesdames, L'infaillible Église jadis

A vos corps si bien arrondis, durement refusa des âmes,

De ce concile injurieux, subsiste encor l'arrêt suprême,

Qu'importe ! Vous charmez les yeux, le cœur, les sens

Et l'esprit même ! Des âmes ne feraient pas mieux ! »

Et voilà !

Car le problème du religieux c'est la femme !

L'**inexistence** de l'âme chez la femme fusionne bien avec l'existence, la sublimation de son corps ; car c'est bien la sublimation du corps de la femme qui est l'enjeu de toutes les convoitises, toutes les peurs masculines, de leurs violences et de leurs excès.

Car l'enjeu, chez le religieux c'est bien le corps des femmes.

Car ce sont bien les religions, déformées par les peurs masculines, qui ont conduit directement ou indirectement à tous les excès ; elles qui ont justifié et permis tous les contrôles, toutes les violences, ouvert la portes à tous les sévices, de tous temps, sous toutes les latitudes :

- Peur et rejet de la sexualité des femmes avec toutes les mutilations infligées encore aujourd'hui à son corps, excisions et autres tortures destinées à supprimer le plaisir féminin.
- Contrôle morbide de la sexualité par l'église, au travers de la confession des péchés.
- Brimades et actes de vengeance comme le rasage des cheveux après- guerre.

---

11 Évariste Parny « Les voyages de Céline » (Paris 1806)

- Viols et utilisation du sexe des hommes comme instrument de destruction des femmes engrossées et petites filles abîmées à jamais dans les pays en guerre.
- Enfermements mobiles des femmes, destinés à faire disparaître leurs corps sous divers vêtements que les hommes eux-mêmes ne porteraient pas : voile, burqua, niquab...perruque…

Il faut avoir croisé en plein soleil, dans les pays orientaux, ces femmes transpirantes, toute voilées, de la tête aux pieds de tissu noir (souvent en nylon !) précédées de leur époux en chemisette blanche, manches courtes, avec ses lunettes ray-ban sur le nez, pour ressentir viscéralement toute l'injustice faite aux femmes.

En Israël, pays chaud, les femmes de religieux doivent porter, non seulement des robes longues à manches longues en plein été, mais des perruques pour que personne ne voit leur vrais cheveux ! (Ce n'est pas le comble de l'absurdité ? ou de l'hypocrisie ?)

C'est à se demander si Ève ne serait pas née… avec un bonnet de bain ?

Les cheveux, toujours les cheveux ! Au nom de quelle réflexion, ou pensée masculine, des femmes doivent elles subir cela ?

D'ailleurs une prière que les religieux juifs font à Dieu tous les matins : « Je te remercie de ne m'avoir pas fait naître femme ! » en dit long…..On comprend bien pourquoi !

Sous toutes les latitudes, et dans tous les pays : Plus grand sera le religieux, plus brimée sera sa femme !

Quel Dieu créateur de l'homme et de la femme peut demander ça ?

Jamais Jésus en tout cas !

Pour comprendre ce qui pousse Jésus à accueillir les femmes telles qu'elles sont, sans aucune exigence, ni vestimentaire, ni autre, il faut toujours garder à l'esprit la différence entre la loi de Dieu et la loi des hommes…

Et Dieu sait s'il y a une différence !

Le religieux aime édicter des règles

« Les pharisiens sont assis dans la chaire de Moïse. Faites donc et observez tout ce qu'ils vous disent ; mais n'agissez pas selon leurs œuvres car ils disent et ne font pas » dit Jésus.

(Matthieu 23 3)

« Malheur à vous docteurs de la loi, parce que vous chargez les hommes de fardeaux difficiles à porter, et que vous ne touchez pas vous-mêmes de l'un de vos doigts ! »

(Matthieu 23 4)

Jésus leur reproche sévèrement de connaître parfaitement la loi de prendre possession de l'enseignement ; de vouloir l'appliquer aux autres, mais pas à eux-mêmes.

Il aime à ajouter des règles, des interdits alimentaires, des interdits sexuels dans le couple, des règles vestimentaires qui briment, c'est ce que Jésus veut dire :

« Ils lient des fardeaux pesants et les mettent sur les épaules des hommes, mais ils ne veulent pas les remuer du doigt. »(Matthieu 23 4)

Non seulement ils ne respectent pas les lois pour eux-mêmes, mais ils aiment à en ajouter.

C'est typique de la religiosité galopante : toujours plus de règles !

De nos jours chez certains chrétiens c'est toujours le même principe à l'œuvre :

Il prône le salut par les œuvres :

Le sacrifice de Jésus pour eux n'est pas suffisant. Ce qu'il a subi pour nous n'est rien, Il n'a pas tout accompli, il faut y ajouter notre part ! Le salut devient conditionnel !

Tout un pan de la chrétienté, une partie de l'église à ajouté aux cultes idolâtres des pénitences, des contritions, des confessions, des flagellations aussi spectaculaires qu'inutiles, des règles vestimentaires, des mises à l'écart des divorcés etc. etc.,

Toute une stigmatisation volontaire de telle ou telle catégorie !

Où est Jésus dans tout cela ?

Certains gestes, simulacres religieux sont une véritable offense à ta personne, Jésus !

Pardon !

Dans les pays latins des mascarades de processions, simulacres de ta crucifixion, (avec sang qui coule à l'appui) doivent monter aux nez du père Céleste …comme une odeur de fosse sceptique.

Que fait-on de ton sacrifice Jésus ? De tes stigmates à toi ? Les vrais ? Ceux qui t'ont coûté la vie ? Pour que nous nous soyons sauvés ?

Ceux que tu as portés à notre place ? Et qui changent la destiné de l'humanité ?

Pardon !

Le religieux attribue les guérisons de Jésus au Diable :

Il attribue les guérisons de Jésus à Satan ! :

« Cet homme chasse les démons par Belzébul, prince des démons » disaient déjà les pharisiens en parlant des miracles que faisait Jésus (Matthieu 12 24)

Les miracles de Jésus attribués à Satan ? ; C'est grave !

Rien n'est vraiment changé dans ce domaine :

On peut remarquer que tout une partie de la Chrétienté n'admet toujours pas les miracles de Jésus pour notre temps ! Ils n'existent pas ! Et pourtant on en voit partout !

C'est plus facile d'attribuer la maladie à Dieu… *qui nous l'enverrait pour nous perfectionner, nous parler, nous instruire, nous rendre meilleurs…etc. etc.…etc.…etc.*

Ils attribuent donc les guérisons au nom de Jésus à Satan ! Et la maladie à Dieu !

Discours formidable ! C'est un des plus grands mensonges des religieux !

Discours religieusement hypocrite, s'il en est, savamment orchestré pour s'absoudre de :

- n'avoir aucune puissance,
- de n'exercer aucune foi et
- s'arranger pour en faire peser toute la responsabilité sur Dieu !

Ils ont, hélas, comme le dit si bien Paul à Timothée :

« L'apparence de la piété mais en renient ce qui en fait la force » (2 Timothée 3 5)

Que font-ils des paroles du Père : « Je suis l'Eternel qui te guérit ! » ? (Exode 15 26)

Que font-ils des paroles de Jésus : « Ils imposeront les mains aux malades et les malades seront guéris. » ? (Marc 16 18)

L'amour qui guérit :

Oui, Jésus dans son amour parfait n'est pas venu pour nous aider à mieux supporter, ni à gérer nos maladies, Il est venu pour les éradiquer (en enlever les racines) dans nos vies.

Son amour insondable ne voit pas les gens comme des malades, Jésus voit avant tout la personne et non pas le problème, Il lit dans son cœur ;

Si nous nous référons à la guérison du lépreux, le lépreux lui dit :

« Si tu le veux tu peux me rendre pur » (Matthieu 8 2) Jésus aurait pu se contenter d'une parole, mais Matthieu nous rapporte : « Jésus étendit la main, le toucha et dit je le veux sois pur ». (Matthieu 8 3).

Jésus aurait pu se contenter d'une seule parole ! Non Il touche l'homme lépreux. Pourquoi ?

Parce que cet homme avait une maladie qui le mettait au banc de la société, il y avait probablement longtemps que personne n'osait plus (n'avait plus le droit même de) le toucher, et Jésus savait dans son amour qui sonde le cœur que c'est ce dont cet homme avait le plus besoin, d'être touché !

Et c'est la force de son amour puissant qui perçoit la maladie comme une manifestation extérieure des cœurs brisés, son amour qui suscite la foi, qui nous relève, qui nous rend toute notre intégrité physique, morale et spirituelle.

Si les promesses de santé étaient conditionnelles dans l'ancien testament, dans la nouvelle alliance scellée par le sang de Jésus toutes ces promesses sont pour ceux qui :

« Ont les regards sur Jésus, qui suscite la foi et la mène à la perfection » (Hébreux 12 2)

Le religieux s'indigne des guérisons :

« Des aveugles et des boiteux s'approchèrent de Jésus dans le temple, Il les guérit. Mais les principaux sacrificateurs et les scribes furent indignés à la vue des choses merveilleuses qu'Il avait faites et des enfants qui criaient dans le temple : hosanna [12]au fils de David ! »

(Matthieu 21 15)

Les religieux s'indignaient des choses merveilleuses accomplies par les mains de Jésus !

Par envie, ou par Jalousie, « le cœur de l'homme tortueux par-dessus tout » (Jérémie 17 9) ne supporte pas les guérisons qui révèlent la gloire de Dieu et la vanité de la religion, l'inefficacité des pratiques religieuses.

Comment peut-on ne pas se réjouir de guérisons miraculeuses ? De la joie des guéris ?

Si ce n'est à avoir le cœur sec !

Il ne voit pas la nécessité de la louange :

Quand les enfants, suite à ces guérisons criaient spontanément gloire ! Les religieux lui dirent : « Entends-tu ce qu'ils disent ?

---

12 Hosanna qui veut dire en Hébreux : « Viens à notre aide »mais est devenu un cri de louange : « Gloire ! Gloire ! »

Oui répondit Jésus ! N'avez-vous jamais lu ces paroles : tu as tiré des louanges de la bouche des enfants et de ceux qui sont à la mamelle ? » (Matthieu 21 16)

Jésus faisant allusion à un Psaume (8 3) leur dit en gros, si vous ne louez pas ces actes libérateurs qui révèlent le cœur du Père, des enfants le feront !

Le religieux ne peut pas percevoir la nécessité de la louange, parce que son cœur endurci n'est pas reconnaissant, en revanche le cœur pur et innocent des jeunes enfants était rempli d'émerveillement spontané.

Comme les disciples qui trouvaient que le parfum pour oindre Jésus était de l'argent gaspillé, le religieux trouve que la louange c'est du temps perdu, il n'en voit jamais la nécessité, parce qu'il ne reconnaît que les règles, les lois et non pas l'amour du Père.

Et plus les règles sont dures mieux c'est ! Plus on est méritant !

Il ne voit pas la nécessité d'un cœur à cœur :

Pour le religieux le verbe « Faire » pour Dieu est plus important que le verbe « Être »devant Dieu.

Et pourtant réfléchissons : dans une relation normale père-fils, le fils n'a rien à FAIRE pour mériter la présence de son père, il n'a qu'à ETRE en présence de son père. La présence de son père est gratuite, elle ne s'achète pas, ne se mérite pas !

Pour certains c'est très difficile d'*ETRE !* Bien plus facile de se cacher derrière *LE FAIRE !*

Ce qui explique peut-être pourquoi dans les églises certains s'accrochent à, leur poste, leur fonction ; combien en voit-on perdre pied complètement quand pour une raison ou une autre, la fonction est momentanément suspendue, ou accordée à un autre ?

Pourtant, réfléchissons encore à la situation originelle :

Telle devait être la relation d'Adam dans le jardin d'Éden, il n'avait rien à FAIRE pour Dieu, rien à faire pour mériter cette communion au soir tombé, personne pour qui, ni pour quoi prier, ni intercéder, il devait simplement être, être là, en présence de son créateur, sans s'agiter ; sans parler peut-être même !

Ni ministère de louange !

Ni ministère d'intercession !

Ni ministère d'enseignant !

Ni ministère aux pauvres !

La grâce même ! La communion parfaite ! Sans parole ! Quelle merveille !

Le religieux de nos jours :

Le religieux de nos jours n'est pas, hélas, une espèce en voie de disparition !

Pour qui voulait suivre Jésus, Il était surprenant, insolite, inattendu, ne procédait pas les guérisons deux fois de la même façon, dérangeait même par son anti conformisme.

Il n'avait pas peur de choquer ! Avec Jésus il fallait suivre !

Rien n'était jamais pareil, Il n'était jamais à la même place, ni là où on l'attendait.

Dans nos églises chrétiennes au contraire nous n'avons de cesse que tout soit toujours à la même place, à la même heure et toujours répété à peu près de la même façon ;

Que faites-vous de la bienséance ! Il ne faudrait pas choquer !

La couleuvre de la religiosité :

Faisons le tour des églises chrétiennes et nous trouverons tout un tas de traditions tenaces, comme le silence imposé, ici, le quart d'heure de chants, le debout-assis, (à moment fixe) imposé là, la génuflexion,

Pour les plus audacieux la permission de lever les bras ici, ou même la permission de tomber au sol là-bas ! Etc. etc.

Tout cela existe devant Dieu, est biblique, a sa place dans l'église, mais quand c'est à heure fixe et imposé tacitement par le règlement local, cela n'a plus rien à voir avec la spontanéité accompagnée de la puissance de vie et d'amour qui était la marque, le sceau de Jésus.

Si nous voulons te suivre, Seigneur, il va falloir sortir de notre solennité, de notre zone de confort, quelque chose doit bouger quelque part !

Quel parent ne préfère pas recevoir un compliment spontané de son enfant, un mot joyeux qui sorte de son cœur, plutôt qu'une carte pré-imprimée à la date fixe de la fête des pères ou des mères ?

Le religieux ne connaît pas la joie :

Avez-vous observé un ultra religieux ?

Noir c'est noir !

Il n'est qu'à regarder dans toutes les religions l'ultra religieux est souvent sombre et surtout sévère qu'il soit curé, imam, rabbin, le point commun c'est *LE NOIR* de rigueur : de la barbe au manteau :

De la couleur ? Un peu de gaîté ? Ce serait une entorse au sérieux de la fonction !

L'absence de louange est déjà le témoin d'un cœur rance.

De là… à la dureté il n'y a qu'un pas.

Je préfère et de loin le conseil de Paul : « Soyez toujours joyeux ! » (1 Thessaloniciens 5 16)

Car si Dieu nous le demande c'est qu'Il nous en donne les moyens ! Je veux me souvenir que Jésus a changé l'eau plate en vin ! Avec Jésus, il doit y avoir de la joie, dans le cœur et sur le visage ! La joie ce n'est pas intérieur ! Cela se voit !

Quand on regarde bien *le religieux austère* …

Et… qu'on sait QUI est notre Dieu, ce n'est pas difficile de rester joyeux !

- Un Dieu d'amour et d'humour qui nous a donné une parfaite création joyeuse et colorée avec toutes ses richesses …de la mer…du sol… et du sous-sol …
- Un Père, de lumière et d'amour qui nous a envoyé Jésus son fils pour réparer à tout jamais les dégâts causés par notre nature déviée.
- Jésus, un Dieu qui s'est fait homme pour parler aux hommes ;

- Pour vaincre à jamais la mort et les ténèbres qui nous oppressaient et laisser, en nous qui croyons à cette folie de la croix, son esprit puissant !

Jésus est sorti du tombeau, **Les clés de la victoire pour l'humanité toute entière en poche ! Et Il nous les a léguées !**

Et il faudrait marcher tête basse ?

O combien j'aime ces paroles essentielles (au sens propre) de Jean, le disciple que Jésus aimait, lesquelles résument tout le message de la Bible :

« Dieu a tant aimé le monde qu'il a donné son fils unique afin que quiconque croit en lui ne périsse pas mais qu'il ait la vie éternelle » (Jean 3 16)

Et il faudrait rester triste, sévère, grave et austère en sachant tout cela ?

Désolée, mais ce n'est plus possible !

Je veux bien être sérieuse, mais triste jamais !

Le langage religieux :

Quiconque se comporterait comme la Sainte Inquisition, et intenterait un procès en sorcellerie serait vite tourné en dérision, la religiosité grossière, brutale ne fait plus recette.

Mais la religiosité tel le virus de la grippe, s'adapte subtilement avec le temps, se transforme…

Elle peut se nicher dans le langage, le premier signe d'une infection :

Qui n'a jamais entendu : *revenir à la croix, lavé dans le sang, se placer sous le sang, la circoncision du cœur* etc… etc.…

Les anciens qui semblent se rassurer en utilisant ces expressions, se doutent-ils un seul instant du degré d'inquiétude que ces termes peuvent engendrer chez celui qui met les pieds pour la première fois dans une église ?

A l'évidence, non ! ...Ils ont oublié !

« *Sois avec nous Seigneur !* » «*Raccompagne-nous dans nos foyers !* » : gentillesses évangéliques par excellence !

A-t-Il dit, ou n'a-t-Il pas dit : « Je suis avec vous tous les jours jusqu'à la fin du monde ! » ?

(Matthieu 28 20)

Que peut-Il faire de plus ? Comment le Seigneur, subtil et intelligent comme Il l'est, peut Il répondre à ce genre de prière ?

La fausse humilité multiforme…dans des prières qui ont l'air spirituel :

« Je ne suis qu'un pécheur ! »

Si je refuse l'œuvre accomplie par Jésus sur la croix pour moi aussi, oui je reste un pécheur effectivement !

Mais à la seconde où l'évangile m'est annoncé **si je crois** à son sacrifice pour moi, je ne suis plus un pécheur ! Je peux inscrire le jour, la date l'heure où je suis sauvé(e) !

Je suis toujours en territoire ennemi car : « Nous savons que nous sommes de Dieu, et que le monde entier est sous la puissance du malin » (1 Jean 5 19)

Nous sommes en territoire ennemi, c'est vrai, mais désormais dans l'ambassade de Christ !

Dieu le Père me voit en Jésus ! Je suis juste ! Justifié devant Dieu ! Ma foi en Jésus me rend juste !

Qu'on se le dise !

« Car Christ est la fin de la loi pour la justification (le fait d'être rendu juste aux yeux de Dieu) de tous ceux qui croient » (Romains 10 4)

« Car c'est en croyant du cœur qu'on parvient à la justice et c'est en confessant de la bouche qu'on parvient au salut » (Romains 10 10)

« Sans toi, je ne peux rien faire ! » :

Absolument d'accord avec cette affirmation !

Mais je ne suis pas sans toi ! Parce que tu nous as promis, dès que nous croyons en toi, Jésus d' :« Être avec nous tous les jours jusqu'à la fin du monde ». (Matthieu 28 20)

Autre prière qui a l'air tellement spirituel :

« Guéris Seigneur, si c'est ta volonté ! » : voilà qui sonne humble et spirituel !

On remarquera au passage que cette formule de prière ne fait pas partie de celles qu'utilise Jésus quand il s'agit d'opérer des guérisons. Jamais, jamais !

C'est toujours la volonté de Dieu de guérir : « Je suis l'Eternel qui te guérit ! » (Exode 15 26) et le fils le sait !

Ensuite la réception et l'accueil de la guérison sont toujours une question de foi individuelle. C'est vrai.

Toutes les guérisons opérées par Jésus ont requis de la foi, d'abord, et ensuite un acte en accord avec cette foi (de la part de la personne ou de son entourage immédiat)

Il est inutile de redemander à Dieu si guérir c'est *sa volonté*, ce fut tout le message visible du passage terrestre de son fils Jésus ! La guérison était la cloche avec laquelle Jésus manifestait aux foules l'existence et l'évidence du royaume de Dieu.

Entre parenthèse si Jésus, le fils de Dieu, utilisait la guérison pour révéler l'existence de Dieu le Père, qui sommes nous aujourd'hui dans les églises pour penser que nous n'en avons pas besoin, que c'est secondaire. Que le salut est la priorité ; Le salut et la guérison nous ont été chèrement acquis par la croix, le même jour à la même heure, par les mêmes souffrances, du même Sauveur, faut-il rappeler les paroles du prophète Esaïe ?

« Ce sont nos souffrances qu'Il a portées...Il était blessé pour nos péchés…Le châtiment qui nous donne la paix est tombé sur lui, et c'est par ses meurtrissures que nous sommes guéris » (Esaïe 53 4-5)

Le salut et la guérison sont indissociablement nôtres, les deux s'acquièrent par la foi. Ils peuvent s'acquérir à des moments différents, certes, mais, au nom de quoi, devrions-nous considérer comme mineure, secondaire, voire facultative, la moitié de la victoire complète que Jésus nous a acquise au prix de ses souffrances ?

Souvenons-nous de ses dernières paroles à la croix : « Tout est accompli ! » (De la part de Dieu pour l'humanité). Tout, veut dire tout : toutes les prophéties qui le concernaient, et toute sa mission sur la terre des hommes ; il n'y a rien à ajouter de la part de Dieu. La balle est dans notre camp ! La suite est une question de choix individuel, car Dieu ne force personne.

Si ces certitudes sont plantées dans nos cœurs nous ne pourrons pas confondre le fait (religieusement humble, mais inutile) de demander au Père sa volonté concernant la guérison, avec le fait de devoir lui demander conseil, par exemple devant une orientation à prendre dans notre vie personnelle….

Par exemple : Si c'est ta volonté que je prenne tel travail…

Si c'est ta volonté que j'épouse telle personne

Si c'est ta volonté que j'habite dans telle ville, tel pays etc.

Là, dans le secret de la prière le « *si c'est ta volonté* » prend toute sa place.

Mais « *Guéris, Seigneur, si c'est ta volonté* » est une prière qui, sous des airs d'humilité (toujours capables de faire recette) révèle ….au mieux une ignorance ! …au pire …une issue de secours ménagée par manque de foi !

Hélas !

Trop souvent, les prières des *faux humbles* par manque de foi, manque de certitude identitaire, ou d'ancrage dans les promesses infaillibles de la parole de Dieu créent… de bons religieux !

Le langage religieux, véritable patois de Canaan repeint de solennité, peut devenir une véritable anesthésie générale qui masque la vacuité de la relation avec Jésus, le conformisme, le manque de puissance ou de foi, et surtout a pour effet immédiat de faire détourner les têtes, aussi sûr qu'une mauvaise haleine !

A ce propos j'ai entendu un pasteur dire un jour que quiconque voudrait parler de Jésus et tiendrait un discours qui ne serait pas compris dans un bus ni un café par exemple tiendrait un discours religieux.

Ce n'est pas un si mauvais critère d'observation ; quand on se réfère à l'exemple de Jésus, à ses paraboles qui prenaient souvent des images empruntées à la nature même, la semence, l'arbre, la vigne, afin que tous puissent comprendre.

Jésus parlait aux pêcheurs en termes de pêche : Il parlait filets, poissons ; aux paysans en termes agricoles, Il parlait semence, vigne arbre, afin d'être compris.

Les paroles des religieux sont molles, compliquées et creuses, elles engendrent l'ennui, alors que celles de Jésus sont incisives, simples, mais si profondes et surtout….elles ont le pouvoir d'engendrer la vie !

Père !

Que faudrait-il faire, quelle attitude adopter pour t'offrir une louange, fraîche, un culte dénué de religiosité qui soit joyeux, agréable à ton cœur de Père et révélateur à la fois ; qui montre simplement au monde combien toi notre Père tu es bon, que tu es un Dieu d'amour, mais aussi que tu es vivant et agissant ?

Quc partout où tu trouvcs la foi tu agis !

Je recherche, Père, ce trop plein de joie qui faisait danser le roi David devant ta face !

« Tu seras dans la grande assemblée l'objet de mes louanges » (Psaume 22 26)

« Je vais autour de ton autel, 0 Eternel pour éclater en action de grâces, et raconter toutes tes merveilles. Eternel, j'aime le séjour de ta maison, le lieu où ta gloire habite ! »

(Psaume 26 6-7)

Oui, je veux raconter toutes tes merveilles, et parler de toi, avec force, mais simplement !

Hosanna Père !

Aide-nous, Père à ne jamais devenir religieux !

Celles qui enseignent :

Jésus enseignait ses disciples souvent en images, en paraboles tirées d'exemples pris dans la nature.

Il était l'enseignant par excellence ;

Spécifiquement quand Il voulait décrire le royaume des cieux ; Il aimait donner des exemples pris dans la réalité physique, concrète pour illustrer une réalité spirituelle. Les exemples ne manquent pas ; le bon grain et l'ivraie : « celui qui sème la bonne semence, c'est le Fils de l'homme…l'ivraie ce sont les fils du malin » (Matthieu 13 37) ou encore :

Ici Il s'adresse aux pécheurs pêcheurs de poissons : « Le royaume des cieux est semblable à un filet jeté dans la mer et ramassant des poissons de toutes espèces …on met dans des vases ce qui est bon et on jette ce qui est mauvais » (Matthieu 13 47)

Les lois du royaume :

Il aimait enseigner les lois du royaume de Dieu opposées complètement à celles du raisonnement humain. Et oui ! « Car Dieu nous a transportés dans le royaume du fils de son amour ». (Colossiens 1 13)

De la même façon que dans différents pays, les lois peuvent être différentes : par exemple au royaume uni, en Angleterre on conduit à gauche en France on conduit à droite.

Changement de royaume, changement de lois, les lois du royaume de Dieu, celles enseignées par Jésus sont à l'opposé de celles communément admises par l'homme.

Quelques exemples :

« Vous avez appris qu'il a été dit : tu aimeras ton prochain et tu haïras ton ennemi »

« MAIS MOI JE VOUS DIS aimez vos ennemis, bénissez ceux qui vous maudissent… » (Matthieu 5 43)

De même, en matière de foi, l'homme a naturellement tendance à dire : Si je vois, alors je crois !

Jésus, lui, nous dit : «Heureux ceux qui n'ont pas vu et qui ont cru ! » (Jean 20 29)

En beaucoup de domaines les lois du royaume céleste sont une étrangeté, voire en opposition au raisonnement humain ordinaire ;

En matière de prospérité, d'argent, nous avons tous tendance à dire :

Si je donne ….je vais en avoir moins. Et nous pensons *soustraction.* C'est humain

Le divin, lui, à l'opposé, pense *multiplication* ; Car Jésus nous dit :

« Donnez et il vous sera donné » (Luc 6 38)

En matière d'honneur et de prestige que celui qui recherche les projecteurs sache que Jésus enseigne : « Que celui qui veut être le plus grand soit le serviteur de tous » (Matthieu 23 11)

Jésus et la loi de Moïse :

Jésus en tant que juif connaissait la loi juive. Il écoutait les scribes depuis son jeune âge dans la synagogue. Il avait été enseigné d'abord et se devait de respecter cette loi et, y faisait toujours référence. Il aimait enseigner en paraboles à la façon rabbinique ; de même qu'Il aimait répondre à une question, par une autre question, laquelle mettait toujours son interlocuteur sur la voie de la réponse.

Il ne s'opposait pas à la loi en esprit, mais sa sonde allait toujours chercher plus profond.

Aux règles extérieures qui ne font pas avancer la sainteté, mais créent des pharisiens, « Au dehors vous paraissez justes aux hommes, mais au-dedans vous êtes pleins d'hypocrisie et d'iniquité » (Matthieu 23 28) Jésus oppose une compréhension et une recherche de la sainteté plus profonde.

« Vous avez entendu qu'il a été dit : celui qui tuera est passible de jugement,

Mais moi je vous dis : quiconque se met en colère contre son frère est passible de jugement. » (Matthieu 5 22)

« Vous avez appris qu'il a été dit : tu ne commettras point d'adultère,

Mais moi je vous dis : « que quiconque regarde une femme pour la convoiter a déjà commis un adultère avec elle dans son cœur. » (Matthieu 5 28)

Le « **Mais moi je vous dis** » vient apporter une force et une autorité singulière à sa voix. Il se place, Lui Jésus comme l'accomplissement de la loi, la compréhension parfaite, meilleure et excellente, celle qui vient rendre caduque ce qui avait été enseigné auparavant.

Partant de ce qui avait été enseigné par les anciens, Jésus trace un sillon supplémentaire, avec une acuité, une sainteté qui creusent plus profond dans le cœur humain. Un sillon d'amour et de vérité qui ne reste jamais en surface et ne se contente jamais de règles religieuses venues de l'extérieur. Sillon révélateur de l'esprit du Père : un esprit de force, d'amour et de sagesse.

Les paroles qui guérissent :

Contrairement aux pharisiens « qui font pour l'apparence de longues prières » comme le pointait si bien Jésus (Matthieu 23 14), les prières de Jésus, celles qui produisaient ces guérisons si efficaces et spectaculaires sont toujours des phrases courtes.

Ces guérisons qui irritaient toujours les religieux, parce qu'elles les mettaient face à leur inutilité, étaient toujours le fait de paroles incisives ; Jésus ne suppliait pas le Père, Il donnait des ordres, lève toi, ouvre toi, sors…

C'était des ordres oui, mais qui libéraient ensuite la personne :

- va, ta foi t'a sauvé !
- va tu es guéri !
- va et ne pèche plus !

Il y a dans le **« va »** toute la liberté du monde…

... ou plutôt toute la libération accordée aux enfants de Dieu.

Alors que de simples humains seraient plutôt tentés de devenir des sortes de gourous en retenant les gens guéris à eux : *restez près de moi et dites tout le bien que je vous ai fait !*

Jésus guérit, mais Il ne le fait pas dans le but de s'attirer à lui un *fan club* ;

Même si certains veulent le suivre, nombreux sont ceux qu'Il renvoie. Il les renvoie oui mais avec la force de continuer, son amour leur insuffle la force d'aller.

Oui, Jésus renvoie toujours les gens, Il se contente de les libérer de leurs chaînes mais ne demande rien en retour ; Il donne, mais ne prend rien en échange.

Il y a dans le fait de détacher les captifs, et de les laisser aller … de la Seigneurie !

J'ai toujours été interpellée par la guérison des dix lépreux guéris en chemin ; un seul des dix est revenu sur ses pas se voyant guéri : un sur dix !

« L'un d'eux se voyant guéri revint sur ses pas, glorifiant Dieu à haute voix… » (Luc 17 17)

Jésus dit : ne s'est-il trouvé que cet étranger pour revenir et donner gloire à Dieu ? » Car c'était un samaritain.

Jésus a-t-Il repris sa guérison aux neuf ingrats ? Non Il a simplement affirmé à celui qui se montrait reconnaissant : « lève toi, va ta foi t'a sauvé ! »

Non ! Jésus n'agit pas en gourou guérisseur, Il libère les captifs, Il agit en Seigneur !

Il est en cela révélateur de l'amour du Père, de sa grâce infinie.

Alors que les disciples repoussaient les enfants qui risquaient de déranger le Maître, Jésus, lui, disait à ses disciples (Matthieu 19 13) :

« Laissez les petits enfants, ne les empêchez pas de venir à moi, car le royaume des cieux est pour ceux qui leur ressemblent. » Ceux qui ont le cœur pur. Ce n'est pas rien une âme d'enfant.

Dans une des prières que Jésus adresse à son Père céleste Il laisse éclater sa joie :

« Je te loue Père Seigneur du ciel et de la terre de ce que tu as caché ces choses aux sages et aux intelligents, et de ce que tu les as révélées aux enfants ». (Luc 10 21)

Je ne peux imaginer que Jésus ait pu dire cette phrase, espiègle et jubilatoire, à son Père céleste sans un sourire sur les lèvres, voire même un éclat de rire !

Concours de taille ?

Un jour ses disciples lui posèrent une question de haute importance, qui devenait préoccupante pour eux :

« Qui est donc le plus grand dans le royaume des cieux ? » (Matthieu 18 1)

On peut se demander légitimement :

Mais d'où vient donc chez les hommes ce besoin de se mesurer ?

On peut rapprocher cette préoccupation masculine de la requête surprenante et étonnamment osée d'une mère dans l'évangile de Matthieu ; « Alors la mère des fils de Zébédée s'approcha de Jésus avec ses fils et se prosterna pour lui faire une demande….

Ordonne que mes deux fils soient assis dans ton royaume, l'un à ta droite l'autre à ta gauche ! » (Matthieu 20 21)

Une question vient à l'esprit :

La préoccupation des hommes pour la première place ne serait-elle pas proportionnelle au désir viscéral des mères pour le succès de leur fils, proportionnelle à la fierté débordante de certaines mères pour leur rejeton ?

Qui sait d'où vient ce goût du *concours de taille* qui semble avoir traversé les siècles ?

T'as vu la mienne est plus grosse que la tienne !

De voiture bien sûr !

Ou même … de communauté chez les religieux !

A cette préoccupation de l'ego masculin que Jésus avait décelée Il ne va opposer, Lui, aucun sarcasme ; Il va sortir de son carquois une de ses flèches d'humour et d'amour et va répondre à sa manière, (avec un sourire peut-être sur le visage) mais en esprit et en vérité.

« Jésus ayant appelé un petit enfant le plaça au milieu d'eux et dit à ses disciples qui se demandaient ...Qui était le plus grand dans le royaume des cieux :

« Quiconque se rendra humble comme ce petit enfant sera le plus grand dans le royaume des cieux » (Matthieu 18 4)

Une autre question vient à l'esprit :

Ces hommes, que leur rang préoccupait, s'attendaient-ils à cette réponse ?

Jésus aimait réellement les enfants.

Dans un geste symbolique Il plaçait l'enfant au centre de tous les regards et s'identifiait à son innocence peut-être même à sa joie (ces deux qualités étant liées chez les enfants)

« Et quiconque reçoit en mon nom un petit enfant comme celui-ci, me reçoit moi-même ». (Matthieu 18 5)

« On lui amenait des enfants pour qu'Il leur impose les mains et prie pour eux ».

(Luc 18 15)

Alors que ses disciples, dans un souci de bienveillance ne souhaitaient pas voir s'approcher trop d'enfants autour de Jésus, *pour qu'ils ne dérangent pas le Maître*,

QUI osait braver le service d'ordre des disciples, et demander à Jésus, la prière ou la bénédiction de ses mains pour leurs jeunes enfants, si ce n'est les femmes !

Si elles n'avaient aucun mérite à se préoccuper des enfants, plus que les hommes ou les disciples, les femmes avaient néanmoins perçu la nécessité, contre toute consigne, de les approcher, de les présenter à Jésus, et de demander la prière pour eux.

Quoi d'étonnant qu'à la résurrection, ce soit à des femmes que Jésus soit apparu en premier ! Et tant pis si de mauvaises langues disent que c'est pour que la nouvelle se répande plus vite : **IL EST RESSUCITE !**

Les porteuses de bonne nouvelle :

Luc nous confie qu'à la résurrection : « Elles se souvinrent des paroles de Jésus, et a leur retour du sépulcre elles annoncèrent toutes ces choses aux onze et aux autres » (Luc 24 8-9)

Quelles étaient ses paroles ? : « Il disait : il faut que le fils de l'homme soit livré entre les mains des pécheurs, qu'il soit crucifié, et qu'il ressuscite le troisième jour » (Luc 24 7)

Dieu sait ce qu'Il fait ; Il a choisi de faire d'elles les premières évangélistes !

Quelle mission de confiance !

Voyant leur attachement, leur foi, leur dévouement, Jésus a fait d'elles les porteuses de cette bonne nouvelle, et au sens étymologique les premières évangélistes :

La parité ?

De nos jours elle est souvent mise en avant, plus difficilement mise en pratique.

La parité qui consiste à essayer de nommer (quantitativement du moins) un nombre égal de femmes et d'hommes, au sein d'un gouvernement, semble être une valeur nouvelle de nos démocraties européennes.

Si en politique, de nos jours, elle est une valeur qui monte, avec Jésus, dans tous ses choix, la parité était déjà en chemin !

Nous n'idéaliserons pas la gente féminine, Jésus a dû croiser aussi, sûrement, son lot de médisantes, superficielles etc. sans aucun doute.

Mais ce que les évangiles laissent à penser c'est que l'opposition religieuse que Jésus a dû affronter (et qui l'a conduit à la mort) venait massivement de la jalousie des hommes religieux et non des femmes.

Les femmes dans leur ensemble, se sont montrées plus intuitivement réceptives à sa voix, à son message, capables même d'une anticipation inouïe.

Certaines de ces femmes n'avaient pas les explications que Jésus, le Maître, dispensait à ses disciples en privé, comme l'enseignement sur la guérison ou l'enseignement sur l'humilité lors du dernier repas, ou même sur les enfants.

Le Jésus qui multiplie [13]:

Mais il s'en trouvait certainement parmi la foule qui l'accompagnait le jour où Jésus a dû multiplier les cinq pains et les deux poissons du jeune garçon.

Elles ont assisté, peut-être même goûté, à cette multiplication de nourriture pour les cinq mille personnes.

(Une Parenthèse : il fallait un départ, aussi modeste soit-il pour que Dieu puisse faire une multiplication. (Car zéro multiplié par quoi que ce soit = toujours zéro)

« Jésus prit les pains, rendit grâce, et les distribua à ceux qui étaient assis ; Il leur donna même du poisson autant qu'ils en voulaient » (Jean 6 11)

Il y avait dans la présence physique de Jésus un potentiel surnaturel permanent.

L'abondance de la grâce était toujours là, jamais chiche, mais généreuse et plus que suffisante ! Pour tous et chacun !

Ce jour-là nombreux étaient ceux, et celles qui avaient pu y goûter.

---

13. Certains seront tentés de penser : Alors jésus, tantôt divise, tantôt multiplie ! Il faudrait savoir ! Cette *mathématique à géométrie variable* me rappelle une leçon d'histoire que résumait un gentil cancre à son maître : « Avant Zésus on comptait à l'envers, depuis Zésus on compte à l'endroit ! »

CE QUI SEMBLE DIFFERENCIER LES FEMMES DE L'ENSEMBLE DES DISCIPLES :

L'accueil du surnaturel :

« Les soixante-dix que Jésus avaient enseignés et envoyés deux par deux dans toutes les villes « revenaient avec joie disant Seigneur, les démons mêmes nous sont soumis en ton nom » (Luc 10 17)

Jésus avait pris soin de préciser avant de quitter ses disciples : « Voici les miracles qui accompagneront ceux qui auront cru : en mon nom ils chasseront les démons….ils imposeront les mains aux malades, et les malades seront guéris » (Marc 16 17)

Pourtant ce surnaturel dans leurs mains semblait les étonner, ces hommes avaient été enseignés, délégués par Jésus, mais ils s'étonnaient de faire des miracles.

Alors que des femmes, qui n'avaient pas été enseignées ne s'étonnaient pas de recevoir des miracles ; certaines même, les arrachaient.

Comment expliquer cela ?

Sans doute est-ce ce que Jésus a voulu expliquer à ceux qui entouraient Jean-Baptiste :

« Depuis le temps de Jean Baptiste, le royaume des cieux est forcé, et ce sont les violents qui s'en emparent » (Matthieu 11 12)

Les violents Elie Chouraqui[14] le traduit par *« Forts »* déterminés.

Ce verset pourrait se traduire : la voie est ouverte, ce sont les déterminés qui y pénètrent.

---

14 La Bible traduction d'Elie Chouraqui (édition Descellée de Brouwer) 1989

Les questions à Jésus ?

Nous voyons dans les évangiles beaucoup d'hommes poser des questions à Jésus. Toutes sortes de questions ;

Les questions des pharisiens :

À propos par exemple de la femme prise en flagrant délit d'adultère : « que dis tu face à de telle femme ? »

Celles des sadducéens :

En parlant de la veuve qui, suivant la loi de Moïse, a eu successivement les sept frères pour mari : « A la résurrection duquel d'entre eux sera-t-elle la femme ? » (Luc 20 23)

Celle des hérodiens :_

En parlant taxe : « Nous est-il permis, ou non, de payer le tribut à césar ? » (Luc 20 22)

Les questions des religieux n'en étaient pas vraiment ; la réponse importait peu ; c'étaient surtout des pièges destinés à mettre Jésus en porte à faux avec la loi juive :

Mais, il y avait aussi, de la part des hommes parfois de vraies questions :

Celles de ses disciples, à propos de l'aveugle de naissance :

« Qui a péché, cet homme ou ses parents, pour qu'il soit né aveugle ? (Jean 9 2)

Celle de Nicodème, devant le terme *nouvelle naissance* :

« Un homme, quand il est vieux peut-il rentrer dans le sein maternel et naître ?»(Jean 3 4)

Il semblerait que les questions de doctrine aient été plutôt le fait des hommes ; les questions venant des religieux, souvent oiseuses, avaient toujours le dessein de mettre plus ou moins Jésus en difficulté.

Or on ne voit que très peu de femmes poser des questions à Jésus.

Si ce n'est peut-être, la femme samaritaine :

« Nos pères ont adoré sur cette montagne et vous dites, vous, que le lieu où il faut adorer est Jérusalem ? » (Jean 4 20)

Il semblerait que les femmes autour de Jésus aient choisi d'être plutôt dans le concret, l'action, en le servant, et plutôt que de poser des questions doctrinales, (encor moins oiseuses), elles préféraient en présence de Jésus poser des actes.

On peut se demander si elles ne s'appliquaient pas en cela la sagesse ancestrale de David :

« Je ne m'occupe pas de choses trop grandes et trop élevées pour moi » (Ps 131 1)

La perception de l'autorité :

Certains hommes ont eu une perception très juste, très précise de l'autorité de Jésus.

Tel le centenier romain (lui-même en position d'autorité) qui ayant un serviteur malade s'adresse à Jésus en lui demandant : « Dis seulement un mot et mon serviteur sera guéri » (Luc 7 7)

Alors que les religieux adressaient à Jésus d'insistantes supplications en lui disant :

« Il mérite que tu lui accordes cela »

On retrouve ici cette notion de mérite si chère aux religieux !

Jésus n'a pas été impressionné, comme le pensaient ses disciples, par les mérites de ce romain, mais bien par sa compréhension de l'autorité d'une seule des paroles du maître.

Les manifestations de respect :

Les disciples, sans doute avec une intention louable, et pour manifester une forme de respect envers Jésus, s'efforçaient pour le protéger, d'éloigner les enfants, de faire taire les femmes qui l'interpellaient trop fort, ou les aveugles qui criaient sur son passage.

Ce que Jésus avec douceur mais une fermeté tranquille, réfutait, car s'Il comprenait parfaitement l'intention de ses disciples, Il s'intéressait néanmoins à tous ceux qui souffraient et se réclamaient de lui.

Ses disciples assuraient, à leurs yeux, sans doute une sorte de service d'ordre, destiné à maintenir une forme de bienséance, parmi la foule autour de Jésus.

Pour les femmes les manifestations de respect prenaient une autre forme :

La proximité de l'adoration :

Elle se jetait à ses pieds (la femme cananéenne), le oignait de parfum (Marie de Béthanie) lui lavait les pieds de ses larmes (la femme pécheresse) ou touchait carrément le bord de son vêtement (la femme à la perte de sang) ; c'est comme si, de la bienséance elles n'en avaient que faire.

Elles s'inclinaient en signe d'humilité, elles adoptaient des attitudes humbles de servantes, ce qui impliquait un contact, une certaine proximité physique.

D'autres part, leurs manifestations de reconnaissance et d'adoration étaient plus spontanées, plus généreuses, plus visibles.

Il semblerait que l'on puisse dire qu'alors que :

Les disciples respectaient ***LEUR MAITRE,***

Les femmes adoraient ***LEUR SEIGNEUR.***

L'AMOUR QUE JESUS DONNE AUX FEMMES

Personne, sur terre, n'a accordé aux femmes une plus juste place que jésus. Elles ne sont pas pour lui un corps à admirer, à convoiter ou à cacher ; non Jésus connaît l'âme des femmes, Il les reconnaît pour ce qu'elles sont.

Il les respecte et Il les aime ; du même amour qu'il a aimé sa mère, il a manifesté de l'amour et du respect à toutes les femmes

Bien relus, tous les évangiles sont des *messages subliminaux* adressés aux femmes.

Jésus scandaleusement libre :

Ce qui différencie le plus Jésus des religieux de tous temps, de tous pays, de toutes les époques c'est la liberté de ses gestes, de son attitude vis à vis des femmes ;

- L'accueil qu'Il réserve aux femmes,
- La place qu'Il fait aux femmes,
- L'amour qu'Il donne aux femmes.

Parmi celles à la rencontre desquelles Jésus est allé et dont les évangiles font mention nous trouvons presque, pourrions-nous dire, des exemples caricaturaux, poussés à l'extrême.

Disons que les évangiles font fort :

- La femme samaritaine qui a eu cinq maris,
- La femme adultère, prise en flagrant délit
- La prostituée qui s'invite chez le pharisien

Autant de femmes qui sont largement condamnées, montrées du doigt, mises à l'écart par les religieux et les moins religieux de toutes les époques, sous toutes les latitudes, toutes religions confondues ;

Car les hommes ne sont jamais tendres vis-à-vis des écarts sexuels… des femmes !

Et c'est de ces femmes précisément dont Jésus, avec la sainteté et l'immense liberté de gestes qui le caractérisent, va se laisser approcher, et cela à la barbe et au grand dam des religieux !

Souvenons- nous de ses paroles aux pharisiens :

« Je ne suis pas venu appeler des justes mais des pécheurs » (Matthieu 9 13)

Jésus va faire le contrepoids à tout l'opprobre masculin et religieux qui pesait sur elles.

Elles, dont Il ne juge ni l'apparence vestimentaire, ni la situation et sur lesquelles Il va poser un regard d'amour si puissant que :

- Il les sauve non seulement de la griffe temporaire des religieux,
- Mais qu'Il guérit leur âme pour l'éternité.

Car son amour profond, désintéressé est rédempteur :

Il enlève la condamnation, il répare l'estime, il restaure la dignité, il guérit l'âme de ces femmes et leur donne la force d'aller plus loin. Comment ne pas comprendre que ces femmes qui naissent une seconde fois sous le regard aimant de Jésus, éprouvent de la reconnaissance !

Non, personne, personne, n'a jamais manifesté autant d'amour ni de respect profond envers les femmes que Jésus !

Les portes d'entrée du miracle des femmes :

Si nous comparons les attitudes, face à Jésus, de la femme cananéenne, celle de la femme à la perte de sang, et celle de la prostituée, elles semblent ne rien avoir entre elles…

Essayons de comprendre ; elles ont pourtant au moins deux points communs :

La cananéenne, l'étrangère qui criait derrière Jésus, l'interpelle, malgré le service d'ordre des disciples, entre dans une joute verbale avec Lui, se laisse comparer à un petit chien, et est même prête à se contenter des miettes tombées de la table…

La femme à la perte de sang qui brave la foule et ses interdits (en se faufilant peut-être à quatre pattes, ou en rampant) se contente de toucher le bord du bas du vêtement de Jésus…les franges lui suffisent !

La prostituée se permet d'entrer où elle n'est pas invitée, sous les regards d'opprobre et se contente de toucher les pieds de Jésus, de les laver telle une esclave…

Ces trois femmes ont en commun deux attitudes caractéristiques qui semblent contradictoires mais qui, face à Jésus, ne le sont pas finalement :

Non seulement une audace notoire qui brave tous les obstacles et guide leur détermination mais elles font preuve de modestie, voire d'une humilité véritable.

Ce sont ces deux attitudes d'audace et d'humilité, conjuguées au féminin qui ont été pour chacune d'entre elles, les portes d'entrée de leur miracle.

Intelligence avec Jésus : connivence ?

Au sens où l'on dit par exemple *intelligence avec l'ennemi,* on parlerait ici *d'intelligence oui mais avec l'AMI* le plus sûr, Jésus.

Il y avait entre Jésus et les femmes une véritable intelligence. Un fil conducteur.

La lecture, entre les lignes des évangiles donne l'impression d'une connivence, d'une osmose parfaite entre Jésus et plusieurs femmes. Nous dirions de nos jours qu'elles étaient en quelque sorte sur la même longueur d'onde spirituelle que Jésus.

Elles étaient en phase avec Jésus, anticipaient ses enseignements.

Elles le recevaient cinq sur cinq. Il y avait entre Jésus et plusieurs femmes des sortes de *vases communicants* .Quel terme employer :

Complicité ? Osmose ? Anticipation ? Intuition ?

Il semble que nous puissions pleinement utiliser le terme *d'Intelligence avec Jésus* vis-à-vis de ces femmes, dans de nombreuses situations, pour :

- Leur compréhension intuitive des lois de la foi,
- Leur perception des lois de la guérison,

- Leur perception des lois de la providence,
- L'évidence pour elles de la louange due à Dieu,
- Leur vision prophétique du tombeau,
- Leur vision prophétique du geste du lavage des pieds,
- Leur vision concrète de l'adoration,
- Leur perception concrète de l'onction…
- Leur perception juste des besoins de l'enfant
- La modestie de leurs gestes et l'humilité de leur attitude

Si « une femme intelligente est un don de l'Eternel » (Proverbes 19 14)

Nous ne pouvons que te dire merci, Eternel, pour ces femmes des évangiles !

Si les religieux juifs te remercient *de surtout ne pas les avoir faits naître femmes*, moi Seigneur je te loue de ce que tu m'as fait naître femme ! Car les évangiles nous révèlent que c'est bien avec elles, que tu as eu la plus grande, et la plus belle complicité !

A sa mort, au pied de la croix, les femmes (auprès de certains hommes aussi soyons justes) ont continué à croire ;

Les femmes avaient mille fois perçu et touché du doigt que Dieu est Amour. Elles avaient perçu sa main tendue et la grâce offerte par Dieu. Car Jésus son fils, contrairement à ses contemporains religieux leur avait manifesté cet amour inconditionnel et leur avait révélé le cœur du Père.

Combien elles sont fortes ses paroles, combien elles sont belles ces paroles de Jésus :

« Celui qui croit en moi, **croit**, non pas en moi, mais en celui qui m'a envoyé ; et celui qui me voit, **voit** celui qui m'a envoyé » (Jean 12 44-45)

Elles avaient viscéralement compris les paroles que Jésus, **lui seul**, a pu prononcer :

« Je suis le Chemin, la Vérité et La vie et nul ne vient au Père que par moi ! » (Jean 14 6)

Porter sa croix ?

Souvent interprétée religieusement cette expression veut dire populairement traîner une misère humaine, un lourd fardeau ici bas sur cette terre.

Ce n'est pas tout à fait le sens que Jésus lui donne quand il dit à ses disciples :

« Si quelqu'un veut me suivre, qu'il renonce à lui-même, qu'il se charge de sa croix et qu'il me suive » (Matthieu 16 24)

Renoncer à lui-même c'est l'exemple que Jésus nous a laissé durant sa vie terrestre :

Se charger de sa croix c'est une mort permanente à soi-même, à sa propre satisfaction, à son ego ; C'est renoncer à tout intérêt personnel, à toute mise en avant, toute recherche de projecteurs, servir et renoncer à être servi, chercher le bien d'autrui avant le sien. C'est l'exemple que Jésus nous a laissé, durant sa vie et dans sa mort.

C'est le fondement de son attitude à l'imminence de sa propre mort, devant sa mère, comme devant les femmes qui se frappaient la poitrine sur le chemin de la croix. Il ne pense pas à lui-même, mais aux autres. Il est la loi, oui, mais la loi ramenée à sa plus simple, sa plus belle expression :

Oui, la loi de Moïse, aux six cent treize commandements Jésus l'a ramenée par son exemple à deux commandements :

Le premier :

« Tu aimeras le Seigneur ton Dieu, de tout ton cœur, de toute ton âme, de toute ta pensée, et de toute ta force. » (Marc 12 30)

Le deuxième :

« Tu aimeras ton prochain comme toi-même. Il n'y a pas d'autre commandement plus grand que ceux-là.»(Marc 16 31).

Car si tu aimes ton prochain comme tu t'aimes toi-même, tu chercheras son bien avant le tien, tu oublieras ta douleur, pour penser à la sienne, tu ne vas pas le voler, ni voler sa femme, ni sa voiture, ni lui mentir, ni faire de faux témoignages etc.

Tout est dit, tout est résumé, par l'enseignement de Jésus et surtout son exemple.

Porter une croix ?

Je t'aime Jésus, et reconnais la portée infinie pour l'humanité entière de ton sacrifice sur la croix où tu es mort, mon Sauveur, ainsi que le caractère précieux du sang que tu y as versé.

Comme Jean baptiste s'était écrié en te voyant venir vers lui, dans le fleuve Jourdain : « Voici l'agneau de Dieu qui ôte le péché du monde ». (Jean 1 29)

Avant ton sacrifice, les prêtres devaient régulièrement sacrifier des animaux pour couvrir aux yeux de Dieu les péchés du peuple ; depuis TON sacrifice sur la croix les péchés de l'humanité ne sont plus couverts, mais effacés. Il n'y a plus de séparation entre le Père et nous ; tu as ré-ouvert la voie de la communion ;

Je sais que Tu étais l'Agneau de Dieu, venu au monde pour être sacrifié. Tu as dit toi-même :« Le Père m'aime parce que je donne ma vie, personne ne me l'ôte, mais je la donne de moi-même » (Jean 10 18)

Je comprends et reconnais toute la portée de ton sacrifice sur cette croix. Je veux que ton sacrifice ait toutes les conséquences possibles dans ma vie, non pas seulement future, mais présente, ici et maintenant. J'accepte ton salut, j'accepte la guérison acquise à la croix…

Mais je refuse de porter en pendentif autour du cou, ce symbole, pour deux raisons :

La première parce que tu n'y es plus sur cette croix !

La deuxième plus personnelle :

Je ne veux, pas plus, me promener avec une croix en bandoulière que je voudrais me promener avec un mini guillotine en or autour du cou !

Je sais trop que les deux objets ont été des instruments de torture, de souffrances et de mort, ils ne seront jamais à mes yeux des bijoux à porter à la légère sur un chemisier.

Le symbolisme puissant de la croix :

Je n'en porterai pas, mais je comprends, comme les femmes au pied de la croix, tout le symbolisme si puissant de cette croix qui a été dressée un jour sur la terre des hommes :

Cette croix n'est pas un accident de l'histoire ; elle est l'événement essentiel de l'histoire de l'humanité. Celui qui change toute la destinée de l'homme.

N'est-ce pas bouleversant de penser que Jésus, le fils du charpentier qui avait dû travailler jusqu'à ses trente ans le bois, pour qui le bois rugueux était sans doute avec les clous, un des matériaux les plus familiers, ait été précisément torturé et mis à mort sur du bois, et avec des clous ?

Ce ne sont ni les romains, ni les juifs qui ont tué Jésus ; ils ont été le bras temporaire et historique des circonstances. Jésus a offert sa vie d'homme, dans un corps d'homme, pour racheter l'humanité perverse et déviante que nous sommes tous.

Si vous observez une croix brute vous verrez qu'il y a dans le choix de ce mode de mise à mort très spécial, Un symbolisme très spécial, très puissant :

- **Un bois debout planté entre ciel et terre**

Qui rétablit la relation de l'homme avec Dieu,

Qui a attiré tel un paratonnerre les foudres de la colère de Dieu sur Jésus fait homme,

Qui a rétabli de ce fait la paix entre Dieu et les hommes,

- **Mais avec une traverse horizontale**.

Jésus est mort les bras ouverts, lui qui était la générosité, l'amour même

Son corps supplicié appelle d'est en ouest l'humanité toute entière à croire à l'universalité de son message, à son sacrifice, pour toutes les races.

Le langage corporel, son dernier message :

Lors de la crucifixion, une seule partie de son corps pouvait encore bouger : Sa tête.

A sa mort elle s'est inclinée, en symbole suprême d'humilité.

ET TOI, QUI DIS-TU QUE JE SUIS ?

Si à cette question que Jésus pose tu as envie dans ton cœur de dire :

« Tu es le fils du Dieu vivant ! »

Et que tu te demandes comment faire pour le suivre et être sauvé(e), ce n'est pas compliqué, sache que la Bible dit :

« Si tu confesses de ta bouche le Seigneur Jésus, et si tu crois dans ton cœur que Dieu l'a ressuscité des morts tu seras sauvé(e) » (Romains 10 9)

Comme Jésus agissait par sa parole, notre salut individuel passe par notre parole. Oublie tout ce que tu sais de la religion car tu peux t'adresser à ton sauveur avec des mots simples, du style :

Oui je sais que tu es venu pour me sauver, je crois et je sais que tu es le fils de Dieu ; que tu as pardonné toutes mes erreurs, et tout mon passé et à partir d'aujourd'hui :

Je veux marcher avec toi, te suivre, connaître tout ton amour pour moi !

Viens vivre dans mon cœur par ton esprit, restaure moi, et donne moi ta paix !

Ce n'est qu'un exemple, mais si tu le dis, de tout ton cœur, de toute ta force, de toute ton âme, sache que Dieu a entendu !

Tu viens de faire ta première prière, celle qui a rétabli ta relation avec ton créateur !

Car la prière est une relation à Dieu d'esprit à esprit !

Tu peux noter la date, le jour et l'heure à laquelle tu viens de passer des ténèbres à la lumière, de la mort spirituelle à la vie prévue par Dieu, pour toi, de toute éternité !

Car Jésus est le seul qui a pu dire :

« Je suis le chemin, la résurrection et la vie, nul ne vient au père que par moi ! » (Jean 14 6)

« Celui qui croit en moi, vivra même s'il meurt. Crois-tu cela ? » (Jean 11 25)

A mes petits cailloux sur le chemin de l'édition :

Comme le petit poucet, ils m'ont montré le chemin, ces petits cailloux fluorescents placés par Dieu à n'en pas douter, au bon moment, au bon endroit, je les remercie tous !

- A Catherine, mon coach informatique qui m'a apporté les subtilités du traitement de texte dont j'avais besoin. Merci pour la façon dont elle a mis dans mon ordi trois programmes essentiels dont je n'avais pas perçu l'utilité immédiate. Mais qui m'ont tous servi !
- A Jean Marc qui m'a soufflé le nom des éditions « OASIS »
- A Malick qui a été le premier à mettre entre mes mains un bouquin qu'il venait de publier chez « OASIS »
- A Noëlle ma complice de rires dans ma vie professionnelle, et œil de lynx, tombé à point nommé pour la relecture.
- A Rodney pour son travail de mise en page.

A ma Mère, mon rocher solide et stable pour son soutien inconditionnel et sans faille, dans ce projet. Suite à une fausse couche spontanée, elle était devenue stérile ; elle a été guérie par Dieu du temps de SCOTT ; et a eu un autre bébé, un garçon ….qu'elle a perdu à l'âge de treize jours.

Je n'ai appris que très tard, que dans sa douleur, sa prière avait été :

« Si tu me donnes un autre enfant, Seigneur je te le consacre ! »

Je suis donc la troisième, mais le premier des cadeaux d'une longue série que Dieu avait pour elle.